四特 教育系列丛书 SITEJIAOYUXILIECONGSHU

收藏活动组织策划

《"四特"教育系列丛书》编委会　编著

吉林出版集团股份有限公司

全国百佳图书出版单位

图书在版编目 (CIP) 数据

收藏活动组织策划 /《"四特"教育系列丛书》编委会编著. —长春：吉林出版集团股份有限公司，2012.4
（"四特"教育系列丛书 / 庄文中等主编. 学校文化建设与文娱活动策划组织）

ISBN 978-7-5463-8652-2

I. ①收… Ⅱ. ①四… Ⅲ. ①收藏－青年读物②收藏－少年读物 Ⅳ. ① G894-49

中国版本图书馆 CIP 数据核字（2012）第 044782 号

收藏活动组织策划
SHOUCANG HUODONG ZUZHI CEHUA

出 版 人	吴 强
责任编辑	朱子玉 杨 帆
开 本	690mm×960mm 1/16
字 数	250 千字
印 张	13
版 次	2012 年 4 月第 1 版
印 次	2023 年 2 月第 3 次印刷

出 版	吉林出版集团股份有限公司
发 行	吉林音像出版社有限责任公司
地 址	长春市南关区福祉大路 5788 号
电 话	0431-81629667
印 刷	三河市燕春印务有限公司

ISBN 978-7-5463-8652-2 　　　　定价：39.80 元

前　言

学校教育是个人一生中所受教育最重要的组成部分，个人在学校里接受计划性的指导，系统地学习文化知识、社会规范、道德准则和价值观念。学校教育从某种意义上讲，决定着个人社会化的水平和性质，是个体社会化的重要基地。知识经济时代要求社会尊师重教，学校教育越来越受重视，在社会中起到举足轻重的作用。

"四特教育系列丛书"以"特定对象、特别对待、特殊方法、特例分析"为宗旨，立足学校教育与管理，理论结合实践，集多位教育界专家、学者，以及一线校长、教师的教育成果与经验于一体，围绕困扰学校、领导、教师、学生的教育难题，集思广益，多方借鉴，力求全面彻底解决。

本辑为"四特教育系列丛书"之《学校文化建设与文娱活动策划组织》。

校园文化是学校本身形成和发展的物质文化和精神文化的总和。由于学校是教育人、培养人的社区，因而校园文化一般取其精神文化之含义。即学校共同成员在学校发展过程中，逐步形成的包括学校最高目标、价值观、校风、传统习惯、行为规范和规章制度在内的精神总和。

良好的校园文化环境是学生积极参与和悉心建设的结晶，也是实现素质教育、造就优秀人才的一个不可或缺的重要条件。因此，加强学校文化阵地的建设与组织活动策划是一项非常系统性的工程。学校文化阵地建设是学校文化的重要窗口，学校文化组织的策划则是学校实施素质教育和精神文明建设的重要组成部分，这两样都是学生成长、成才的内在需要，更是推进学校教育工作的重要载体。

文化娱乐活动是文化体育娱乐活动的简称，其娱乐性、趣味性、知识性和多元化结合的特点是广大读者学习之外追求的一种健康生活情趣。

学校的文化娱乐活动项目包括音乐、美术、舞蹈、文学、语言、曲艺、戏剧、表演、游艺等多方面内容，广大青少年在课余时间通过参加多种形式的文化娱乐活动，能够达到开阔视野、陶冶情操、增长才智、提高能力、沟通人际、适应社会，以及改善知识结构、掌握实用技能等效果。在这些文化娱乐活动中，他们通过接受不同形式、不同内容的有益教育，能够受到潜移默化的影响，从而达到提高思想、文化和身体的综合素质，这对造就和培养有理想、有道德、有纪律、有文化、适应时代腾飞的新一代人才有着十分重要的作用。

为了适应青少年发展的需要，营造良好的校园文化环境，为校园文化娱乐活动的组织策划提供良好的指导，我们特地编辑了这套书，并从学校的实际情况出发，以育人为根本目标，坚持先进文化的方向，从音乐、绘画、表演、游艺等方面重点对学生的基础知识和操作能力进行训练，努力使他们在娱乐中学到知识，在欢笑中陶冶情趣，并通过系统的训练和比赛，使他们的智力得到开发、知识结构得到改善，最终达到新课标要求的培养高素质的合格人才的目标。

本辑共 20 分册，具体内容如下。

1.《学校文化建设与管理创新》

校园文化重在建设，它包括物质文化建设、精神文化建设和制度文化建设，这三个方面建设的全面、协调的发展，将为学校树立起完整的文化形象。加强学校文化阵地的建设与组织活动策划是一项非常系统性的工程。本书对学校文化建设的组织管理与创新策划进行了系统而深入的阐述，体例科学，内容全面，具有很强的系统性、实用性、实践性和指导性。

2.《把图书馆打造成传播知识的圣地》

加强学校图书馆建设，对激发学生学习的积极性以及提高学生的整体素质有着重要的作用与意义。本书对学校图书馆的建设与管理进行了系统而深入的阐述，体例科学，内容全面，具有很强的系统性、实用性、实践性和指导性。

3.《环境与安全文化建设》

校园安全文化是校园文化的重要组成部分，学校安全文化建设水平的高低已成为学校核心竞争力的基本内容之一。所谓校园安全文化是指将学校安全理念和安全价值观表现在决策和管理者的态度及行为中，落实在学校的管理制度中，将安全管理融入学校整个管理的实践中，将安全法规、制度落实在决策者、管理者和师生的行为方式中，将安全标准落实在教育教学过程中，由此构成一个良好的安全建设氛围，通过安全文化建设，影响学校各级管理人员和师生的安全自觉性，以文化的力量保障学校财产安全和师生人身安全。学校安全文化有四个层次，即安全观念文化、安全行为文化、安全制度文化和安全物质文化。它们相互作用，相互促进。

4.《把学校建设成传播文化的阵地》

作为中国特色社会主义文化阵地重要组成部分的学校，在中华文化面临挑战和发展的机遇之际，应该承担时代赋予的使命，通过教育创新，传承文明，创造先进文化，培养和谐发展的高素质创新人才来促进社会的发展，实现中华民族的伟大复兴。本书对学校文化阵地的建设与管理进行了系统而深入的阐述，体例科学，内容全面，具有很强的系统性、实用性、实践性和指导性。

5.《知识类活动组织策划》

文化知识类活动课是一门全新的课程，就其根本意义而言是为了提高学生的素质，而要做到这一点，必须对文化知识类活动课加强有效的科学管理。尽管各科活动课教学目标是有弹性、较为宽泛的，但总的教育目标应十分明确，那就是有利于学生主体精神的体现；有利于对学生分析问题和解决问题能力的培养；有利于提高学生的自我认识；有利于学生个性的发展，管理工作不能偏离这一目标。本书对学校知识类活动的组织策划进行了系统而深入的阐述，体例科学，内容全面，具有很强的系统性、实用性、实践性和指导性。

6.《科普活动组织策划》

科技教育是拓展学生知识面的重要平台，是培养学生自主创新的首要手段，在学生成长过程中已显现出越来越大的不可替代的作用，而学校重视科技教育，则可以让学校重视学生全面发展的教师和学生在校园里都能有自己的发展空间。如果能够切实地从以上各个环节落实科学实践活动的开展，就可以在全校掀起一股学科学、做科学、用科学的热潮，使学生的科学素养得到普遍提高，在落实了普及科学目标的同时也提升了学校科学教育的质量。本书对学校科普活动的组织策划进行了系统而深入的阐述，体例科学，内容全面，具有很强的系统性、实用性、实践性和指导性。

7.《收藏活动组织策划》

中国文化艺术几千年源远流长的历史，也凝聚着文艺收藏的风云沧桑。社会文明的整体进步，在促进文艺创作繁荣的同时，也推动文艺收藏的蓬勃发展。收藏可以陶冶情操、修身养性，它要求收藏者具备理性的经济头脑的同时，还要有很好的艺术修养。收藏者在收藏的过程中，潜移默化地将自己培养成理性和感性结合得相当和谐的现代人。本书对学校收藏活动的组织策划进行了系统而深入的阐述，体例科学，内容全面，具有很强的系统性、实用性、实践性和指导性。

8.《联欢庆祝活动组织策划》

联欢活动是指单位内部或单位之间组织的联谊性质的文娱活动。通常是为了共同庆贺某一重大事件，或者在某一节日、某一重大活动完毕之后举行。联欢活动一般以聚会的形式进行，所以又称联欢晚会。本书对学校联欢活动的组织策划进行了系统而深入的阐述，体例科学，内容全面，具有很强的系统性、实用性、实践性和指导性。

9.《行为文化活动组织策划》

行为文化是指人们在生活、工作之中所贡献的、有价值的，促进文明、文化及人类社会发展的经验和创造性活动。本书对学校行为文化活动的组织策划进行了系统而深入的阐述，体例科学，内容全面，具有很强的系统性、实用性、实践性和指导性。

10.《文娱演出活动组织策划》

演出是指演出单位或个人在特定的时间特定的环境下所举办的文艺表演活动。由于长期的发展与各地的差异，演出目前主要包括电影展演、音乐剧、实景演出、演唱会、音乐会、话剧、歌舞剧、戏曲、综艺、魔术、马戏、舞蹈、民间戏剧、民俗文化等种类。本书对学校文娱演出活动的组织策划进行了系统而深入的阐述，体例科学，内容全面，具有很强的系统性、实用性、实践性和指导性。

11.《音乐项目活动组织策划》

音乐是一种抒发感情、寄托感情的艺术，它以生动活泼的感性形式，表现高尚的审美理想、审美观念和审美情趣。音乐在给人以美的享受的同时，能提高人的审美能力，净化人们的灵魂，陶冶情操，提高审美情趣，树立崇高的理想。本书对学校音乐项目活动的组织策划进行了系统而深入的阐述，体例科学，内容全面，具有很强的系统性、实用性、实践性和指导性。

12.《美术项目活动组织策划》

美术作为美育的主要手段，它的主要任务不仅仅是传授美术知识，也不仅仅是美术技能的训练，而是通过学生内心达到审美状态，良好心理得到培养和发展，不良心理受到疗治和矫正，使各种心理功能趋于和谐，各种潜能协调发展，最后达到提高人的生存价值，体验与实现美好人生的目的。本书对学校美术项目活动的组织策划进行了系统而深入的阐述，体例科学，内容全面，具有很强的系统性、实用性、实践性和指导性。

13.《舞蹈项目活动组织策划》

舞蹈能够促进少年儿童的生长发育，改善少年儿童的形体，带来艺术气质和形体美，有利于提高少年儿童的生理机能，提高少年儿童的身体素质，促进少年儿童的心理健康发展，还能够培养少年儿童的人格魅力。本书对学校舞蹈项目活动的组织策划进行了系统而深入的阐述，体例科学，内容全面，具有很强的系统性、实用性、实践性和指导性。

14.《器乐项目活动组织策划》

贝多芬曾说："音乐能使人类的精神爆发出火花。音乐比一切智慧、哲学有更高的启示。"作为素质教育的民乐教学，更突出将学生的全面发展放在首要的地位，使之形成具有显著办校特色的办学指导思想，为学校的全面发展做出了贡献，取得了满意的效果。本书对学校器乐项目活动的组织策划进行了系统而深入的阐述，体例科学，内容全面，具有很强的系统性、实用性、实践性和指导性。

15.《语言项目活动组织策划》

加强学校文化阵地的建设与组织活动策划是一项非常系统性的工程。学校文化阵地建设是学校文化的重要窗口，学校文化组织的策划则是学校实施素质教育和精神文明建设的重要组成部分。本书对学校语言项目活动的组织策划进行了系统而深入的阐述，体例科学，内容全面，具有很强的系统性、实用性、实践性和指导性。

16.《曲艺项目活动组织策划》

曲艺是中华民族各种"说唱艺术"的统称，它是由民间口头文学和歌唱艺术经过长期发展演变形成的一种独特的艺术形式。曲艺演员必须具备坚实的说功、唱功、做功和高超的摹仿力，演员只有具备了这些技巧，才能将人物形象刻划得惟妙惟肖，使事件的叙述引人入胜，从而博得听众的欣赏。本书对学校曲艺项目活动的组织策划进行了系统而深入的阐述，体例科学，内容全面，具有很强的系统性、实用性、实践性和指导性。

17.《戏剧项目活动组织策划》

戏剧的表演形式多种多样，常见的有话剧、歌剧、舞剧、音乐剧、木偶戏等，是由演员扮演角色在舞台上当众表演故事情节的一种综合艺术。戏剧情节、歌唱和舞蹈这三者的复杂结合，使中国戏曲具有独特的风格和一系列艺术上的特点。本书对学校戏剧项目活动的组织策划进行了系统而深入的阐述，体例科学，内容全面，具有很强的系统性、实用性、实践性和指导性。

18.《表演项目活动组织策划》

表演指演奏乐曲、上演剧本、朗诵诗词等直接或者借助技术设备以声音、表情、动作公开再现作品。加强学校文化阵地的建设与组织活动策划是一项非常系统性的工程。本书对学校表演项目活动的组织策划进行了系统而深入的阐述，体例科学，内容全面，具有很强的系统性、实用性、实践性和指导性。

19.《棋牌项目活动组织策划》

棋牌是棋类和牌类娱乐项目的总称，包括中国象棋、围棋、国际象棋、蒙古象棋、五子棋、跳棋、国际跳棋（已列入首届世界智力运动会项目）、军棋、桥牌、扑克、麻将等诸多传统或新兴娱乐项目。棋牌是十分有趣味的娱乐活动，但不可过度沉迷其中。本书对学校棋牌项目活动的组织策划进行了系统而深入的阐述，体例科学，内容全面，具有很强的系统性、实用性、实践性和指导性。

20.《游艺项目活动组织策划》

游艺是一种闲暇适意的生活调剂。其中既有节令性游乐活动，也有充满竞技色彩的对抗性活动，更多的则是不受时间、地点、条件制约的随意方便的自娱自乐活动。有的继承性极强，规则较严格；有的则是无拘无束的即兴自娱；有的干脆是一种与生产紧密结合的小型采集和捕捉活动。这些丰富多彩的民间游艺活动使得广大劳动人民特别是青少年无论在精神生活、智力开发还是身体素质诸方面得到有益的充实和锻炼，也成为最普及的农村文化活动形式。本书对学校游艺项目活动的组织策划进行了系统而深入的阐述，体例科学，内容全面，具有很强的系统性、实用性、实践性和指导性。

由于时间、经验的关系，本书在编写等方面，必定存在不足和错误之处，衷心希望各界读者、一线教师及教育界人士批评指正。

编者

目　录

第一章

学校收藏活动的指导

1. 收藏涵义和种类

收藏，顾名思义就是收集、保存、珍藏。在日常生活中，多数人还缺少对收藏意义的真正认识，缺乏对收藏种类的辨识，结果有人与机遇失之交臂，有人却收藏了国家法令禁藏的种类，受到法律惩处。那么民间究竟有多少收藏种类呢？*20世纪末21世纪初*有人做过报导，西方发达国家民间收藏种类已达*1 019*种，估计现在已经超出了这个数字。据《收藏》杂志统计，我国的收藏种类有如下类别：

文物、瓷器、书法、雕塑、邮票、烟标、国画、算盘、报纸、硬币、甲骨文、贝螺壳、地图、雕刻、火花、碑拓、礼品、壶具、奇石、蝴蝶标本、酒标、徽章、毛泽东像章、旅游纪念品、油画、粮票、体育用品、筷子、砚台、纸币、古匣、石壶、门票、月票花、明信片、印花税票、花瓶、三寸金莲鞋、创刊号、图书、铜鼎、帽饰、手抄书、钥匙、请柬、锁、植物标本、古瓷残片、藏书票、照相机、钟表、海上漂流物、仿真车、花钱、大铜章、中草药、手机、菜单、酒、酒瓶、签名、根雕、玉器、纪念币、壁画、墨、扑克牌、船模、照片、蝶翅画、香烟片、战时用品、贺年卡、名片、奖券、火柴盒、化石、鼻烟壶、影剧说明书、墨盒、雨花石、铜钟、古籍、古钱、钢笔、龟、瓷刻、茶碗、邮戳符号、档案、水盂、史料、翡翠、乐器、灵芝、书签、邮品、石刻、橡皮、吉祥物、恐龙蛋化石、企业金卡、年历片、榨菜袋子、卷笔刀、剪纸、收藏资料、微雕、糖纸、珠宝、烟具、女性用品、扇子、花纸、功卷、站台票、股票、大理石、商标、指纹、票证、香炉、牙膏盖、服饰、钥匙扣、产品说明书、古枕、陶器、宝塔资料、古砖、青铜器、紫砂壶、布票、烟缸、银器、纽扣、金银币、奖章、彩票、瓷碗、棋子、铅笔、水晶、著装、文献资料、外币、瓷盘、刺绣、艺术品、国库券、公债券、家具、微书、景泰蓝、证件、书画赝品、乘坐飞机纪念品、佛像、梳篦、民俗器物、镇纸、脸谱、讣告、启瓶器、宣传炉、象牙、皮影、虫具、连环画、夜明珠、兵器模型、家谱、珍珠、指南针、望远镜、军用品、兑换券、磬、挂历、年画、墓志、包装纸、便器、餐具、火锅、玩具、漫画、蜜蜡、关金券、阳燧、口琴、首饰、刀具、台历、铜鼓、唐三彩、扇囊、评弹资料、孙武兵法、扇骨、绣花鞋、电池、广播资料、唱片、旧门板、戏服、昆虫、促销卡、圆算尺、鱼钩、电话机、唱机、拍卖资料、签名信、鞋拔、月份牌广告画、蟋蟀罐、水烟壶、眼镜、孔子像、香港回归纪念品、收藏

书刊、民间收藏组织、家庭收藏馆、私立博物馆、头骨化石、清代图画明信片、仿古瓷、电话卡、手杖、传世古玉、周恩来生平资料、八分票、流通币、珍稀古钱、军服、黄河石、身份证、电子计算机、"文革"读物、生肖纪念章、共和国将帅书法、收藏史料、邮资明信片、珠算史、经典名笔、巴林美石、历史名人物迹、世界铸币、缂丝编织、太古石画、天然造型、民族文化、体育纪念品、小鞋、玉雕、蓝宝石、古代刑具、伞、航空签条、美术封、纪念封、名牌商品广告、性文化、摇钱树、状元墨宝、集粮报、相关法规、铭文、肖像、仿制品、任命书、笔筒、砖雕、图书封面、假币、商代青铜山尊、木刻像、朝鲜瓷器、股票认购证、出水瓷、三彩福寿炉、库房钥牌、军粮票、版画藏书票、古权、古典家具、网址、同学录、刊（书）标、古代母钱、火柴（币）夹、帐钩、画像锂、青瓷、观赏石、银元、生肖邮票、画集、地毯、扇面、玉文化、试卷、红旗敞篷车、错版币、老牌女性粉盒、官窑、军徽、名人相册、永乐大典、油画雕塑、象牙腰牌、镭质辅币、夜光邮资明信片、书法名帖、勋章、大陆邮史、红木餐具、古代藏钱

器、流通硬币、流通纪念币、婚书、宋窑瓷器、现代版画、行军粮票、观音佛像、天然文字石。

上面罗列的337种民间收藏种类，是《收藏》杂志上出现的藏品实名统计结果。可想而知，社会上民间收藏的种类，实际上要更多些。因为，有的藏品当时发表在其他报刊上，没有被收录；有的密藏在室，没有向社会公开，无法收录；还有当时尚没有进入藏界后来新增加的种类等。

2. 收藏特征和特性

收藏作为一个学科，可涉及许多相关学科，如考古和鉴定、艺术史、美学、心理学、经济学和金融学。从经济学和金融学角度来看，收藏可以作为消费和投资。

收藏作为消费——收藏活动本来是源于个人的爱好，把个人喜欢之物保存下来作观赏之用，所以原应属于心理学、美学的研究范畴。但在经济社会，有需求就有市场。收藏又成为一种经济活动，而这种经济活动，又大大促进了收藏的发展。

任何对象都可以成为收藏品，其中有些对象本来是具有实用性的，在特定的条件下转化为收藏品；也有些对象本来就是为收藏而制作的。比如，古代文物在当时是有实用功能的，而流传到今天就只是作为收藏品了。普通邮票就属于前一类，而限量发行的特种邮票就成了后一类。

狭义地说，只有被经济市场接受而有市场价值的藏品才算收藏品。所以，收藏是有选择性的，从实用的物品中有选择地保存一些物品。

这些物品，除了其一般的使用价值，通常还拥有反映其时代或地区的文化价值。所以，收藏品不仅仅是商品，更重要的是其承载的文化含义。

收藏品的特征

收藏品，一般应有如下一种或数种特征。

（1）具有历史价值

其中包括有关重大历史事件的物品，重要历史人物或当代名人的笔迹、使用过的物品，稀有的难以复制的纪念品。

（2）具有审美价值

艺术品、古董家具、瓷器、工艺品等，能给观赏者带来美的享受。

（3）具有情感价值

与个人的经历有关，又能引发怀旧情感的物品。

以上三种特征，收藏品至少必备其一。藏品在市场上获得成功，通常会由以上特征而引出以下实际价值。

（1）具有投资价值

预计将来能高价转卖而获利的物品。

（2）具有提升收藏者地位的价值

由于许多藏品价格不菲，拥有一件或几件，甚至一批古董珍品，比任何名车、别墅更能彰显其主人的财富和品位，提升收藏者的地位。张大千有两方闲章：敌国之富，穷无立锥之地，可谓收藏家写照。

（3）具有学习研究价值

一件艺术品或工艺品，由于其审美价值，可成为后世的艺术家临摹学习的模板。张大千收藏过许多名画，通常是为了学习临摹。同样，一件年代久远的藏品，也可以给考古学家和历史学家提供信息。

学校文化建设与文娱活动组织策划丛书

一件收藏品，可能具有以上所有的特征，也可能只具有其中某一二种价值。这些特征也是互相关联、互相影响的。

对有历史价值的物品，通常需要收藏者有历史和鉴定知识，能大致辨别明显的赝品。

通常，收藏者对其藏品有深厚情感，有的是其所喜欢的艺术，或者与其早年的生活有关。比如，许多"文革"时代的纪念品，当前的收藏市场火热，很多能勾起怀旧之情。

收藏品的特性

在现代，一件文物或艺术品进入市场，就成为收藏品。收藏品作为一种商品，除拥有一般商品的应用性外，还通常有以下特性：不可再生性、可持久保存性、具有时代或文化的意义。

（1）不可再生性

收藏品通常都不可再生。其复制品不能完全拥有原作品的全部特性。这个特性也造成其稀缺性。数码音像作品，由于能被完整地复制，所以不能成为有市场价值的收藏品。数码照片只有通过打印并有作者签名，才有可能成为收藏品。

（2）可持久保存性

收藏品通常都是三维空间的实体物品，适宜长时间保存。所以，绘画、雕塑、陶瓷是生来就适合收藏的，而音乐作为声音就不适合，只有音乐家的手稿，或出版的老唱片可能成为藏品。

（3）具有时代或文化的意义

这一特性附带出两个属性：独特性和增值性。收藏品通常都是独特的，不可替代或复制。随着时间的流逝，其历史文化价值愈增，其应用性愈多。这是收藏品区别于普通商品的主要特征，是我们研

6

究的重点。

文化意义在现代艺术中又与新潮时尚相结合。每一个新潮艺术都极富时代气息。购买现代艺术品，已经不是为收藏艺术品，而是为证明买家的财力与新潮。所以，当代艺术与时尚潮流紧密相关。今天是新潮的艺术，很快就成明日黄花了。所以，现代艺术的文化价值在短期内有可能因过时而贬值。

3. 文物价值及收藏原则

人类的文化遗存文物（解放前称为"古玩""古董"）越来越被人们所重新重视和喜爱。只要数一数由文物主管部门实施监管的古玩城、海王村、荣兴艺廊、亮马红桥等已露出的冰山一角，就可知目前文物市场之规模，其红火之势撩人心动。文物引人入胜，无非是有悠久的历史、丰富的内涵、优美的造型、百看不厌的纹饰及听不完的故事，当然不应避而不谈其保值、增值的作用。

文物的历史价值

文物的内在价值是先天固有的，也就是说它的历史性、艺术性、科学研究价值是固有的。历史性是指其生产、制作的年代；艺术性主要指其纹饰、造型、文化内涵等方面；而科学研究价值主要指其生产、制作的材料、工艺、技术等方面的科技含量。文物能保值、增值，除自身的固有价值基本因素外，受后天因素或者社会因素影响极大。"盛世文物，乱世饥民"讲的就是这个意思。太平盛世，国泰民安，人们争相收藏文物，价格自然攀涨。

文物鉴赏也就是去发现、挖掘文物的固有价值，并将其展示于世，使人们能分享它的美，满足人们在文化、精神上的需求。在这里，"鉴"字有两层含义：一是断代，也就是首先断定文物的生产、制作的朝代、地点、大约生产制作的时间。二是甄别，也就是辨伪。自文物被人们视为观赏玩物后，作为商品在市场上进行交易，起码在明朝就已出现了。由于利益的驱使，仿造及贩仿势必难免。自宋朝开始，后朝仿前朝，本朝仿本朝的刻意仿制现象并不少见，所以辨伪是必然的，也是必须要做的。

文物的价值评估

根据目前国有资产评估机构对资产评估时所使用的一些办法，无论是博物馆藏品还是民间私人藏品的评估首先要请文物专家对文物藏品进行鉴定，根据其性质、质量和存量等，结合其艺术、历史、科学等价值进行评定，然后结合同类物品同时期的拍卖价格或出国保价金额进行估价。其实，这个价格并不等于市场交易价格，也并不能完全真实地反映这件文物藏品的价值。因为一件物品的交易价格，除受其自身价值的影响外，还受到市场供求、买方喜好等很多因素的影响。而作为一个博物馆（一个文物的收藏、研究、展示部门），以及私人收藏，这个价格只是对其所藏文物经济价值的参考。有了这个价格尺度，我们就能对馆藏文物、私人收藏文物的经济价值有一个大概的了解，对文物的流动及展出也是有很大帮助的。以前的文物进出流动，包括文物收藏、外出展览、出借研究及本馆展出等，都只是对文物数量的记录和管理，只停留在历史文化价值的概念上，而有了经济价值做依据后，则可更加直观地看到这些文物所具有的货币价值。

辨伪应遵循的原则

（1）历史永远是向前发展的，生产技术是不断更新进步的；

（2）人们的思想意识、风俗习惯会随经济发展而有所变化并与经济基础相适应；

（3）以上种种进步和变化，都会集中表现在器物的生产、制作过程中，使其产品打上时代的烙印。

所以，辩伪主要从以下几个方面进行：

（1）从生产制作的器物所使用的材料上加以甄别；

（2）从器物的造型上注意微小变化；

（3）从纹饰（装饰）上加以对比；

（4）从手头（重量）要仔细掂量。

以上四点只是辨伪常用着眼点，具体每一类别文物的辨伪都有更加详尽而特定的方法。当然，辨伪技能的高低是与个人掌握的文物知识深度与宽度，以及个人的文化内涵有直接的关系。

如果"鉴"字的内涵已全部达到，那么"赏"字自不多言，因人而"赏"了。

不过我要提醒一下初次涉足古玩并要在这个圈内"享受"一下的人，注意不要贸然闯进，最好先武装一下自己。一要学历史（切记莫学野史）；二要学将要涉足的古玩类的来龙去脉；三要请个参谋，否则会将自己挣来的钱打了个不起水花的"水漂"。

4. 文物收藏应注意的问题

在文物收藏中，要注意以下一些因素。

温度和湿度

温度过高或过低，会使文物质地发生变化，加速各种有害化学杂质对文物制成材料的破坏；温度过低就会使器物里的水分产生冰结，致使它的内部结构遭到破坏，影响藏品制成材料的耐久性。太潮湿或太干燥对书画、古籍、皮革、竹木器影响较大。因此，存放藏品的库房，陈列室的温度、湿度的控制与调节是藏品保护技术中的一项十分重要的内容。

光线

光具有一定能量，不同的物质在一定能量的光照射下会引起化学变化，以致遭到破坏，导致纸张、纺织品等变脆、弹性减弱、变黄、褪色，使漆器、木器起皱、龟裂甚至剥落。紫外线的能量大，会使文物制成材料色素成分中的发色团遭到破坏，从而引起掉色。因此，各类藏品防光的重点是防紫外线损坏。

有害气体

有害气体虽然对藏品的破坏作用在一般情况下是较缓慢的，不易被人们所察觉，但它确实每日每时都在影响着藏品制成材料的耐久性。对藏品有损害的气体包括臭氧、二氧化硫、硫化氢、氯气等。

灰尘

灰尘落在各类器物上，清除时能引起机械性损坏，即擦伤；灰尘是微生物、寄生虫繁殖时的掩护所，遇到适合的温度和湿度就会破坏文物；灰尘会携带大量工业悬浮颗粒，落在金属文物表面会加速腐蚀；灰尘一般都能吸附空气中的化学杂质而带有酸碱性，在纸质物品上，会对纸质和字迹起到破坏作用，当湿度大时，就会浸到纸张内部，对器物内部造成破坏；在灰尘中往往含有黏土，容易使纸质类文物黏结在一起。

微生物

危害藏品的微生物主要是细菌和霉菌。通常，我们见到的古字画、织绣、木器、植物标本等发霉、霉烂都是微生物危害的结果。

有害动物

昆虫对纸张、书画、古籍、漆器、木器、竹器、丝毛棉麻织品、皮革等文物有危害，如毛衣鱼、烟草甲、书虱、短鼻木象等；老鼠对有机质的文物破坏，主要利用其锐利的牙齿啃咬，造成无法弥补的损失，它的分泌物也能造成藏品和环境污染。

5. 邮票知识及收藏指导

邮票基本知识

邮票收藏是很多人的爱好，它也是一门很有学问的艺术。现如今，越来越多的人都有了收藏的乐趣，当然一些基本的收藏常识也是要懂的，以下为大家简单地介绍一下。

（1）邮票图案

邮票图案是指邮票票面，一般由与邮票发行目的相关的图案、国名、面值、说明文字及边饰等组成。世界各国的早期邮票图案都比较简单。随着社会的发展，当今世界各国都把自己国家在政治、经济、国防、科学技术、文化艺术、历史地理、自然风光，以及珍贵的动物、植物等方面最有代表性的内容作为邮票图案。全世界已经发行 30 多万种邮票，图案的内容包罗万象。集邮者通过收集研究邮票图案能获得丰富的百科知识。因此，邮票图案是集邮者研究的主要对象。

（2）邮票上的国名

邮票上的国名是指印在邮票票面上的国家或地区的名称。一般都以文字、缩写字母来表示国名。例如，日本邮便、中国人民邮政。美国采用缩写字母 USA、苏联采用缩写字母 CCCP 来表示国名。还有些国家用特殊符号来表示，如英国早期邮票采用英王头像作标志，英国现行的纪念邮票印有英女王头像以代替国名。识别邮票上的国名，可以了解有关国家的地理、历史、语言文字等方面的知识。

（3）邮票面值

邮票面值是指印在邮票票面上的邮资金额及货币单位。世界各国大多以表示邮票面值的阿拉伯数字和本国货币单位组成邮票面值。例如，美国普通信函邮资为 22 美分，邮票面值即由阿拉伯数字 22 和代表美分的字母 C 分组成。中国人民邮政普通信函邮资为 8 分，邮票面值由阿拉伯数字 8 和分组成。也有一些国家发行无面值邮票，如军用邮票、公事邮票等。我国 1938 年晋察冀边区发行的抗战军人纪念邮票和 1943 年淮南区发行的"平""机""快"及"稿"字邮票都属于无面值免资邮票。美国自 1978 年至 1985 年陆续发行一组无面值邮票，票面上印有"A""B""C""D"字样，分别代表面值 15、18、20、22 美分。这是因为美国邮政部门要调整信函邮资，但在印制邮票时，新的信函邮资未最后确定，不能往邮票上印新面值；但若在邮资确定后再印，邮票又无法供应。

（4）邮票上的齿孔

为了方便邮票的撕开，在整张邮票的各枚之间用打孔器打出孔洞，分撕后，单枚邮票边缘凹进的半圆形部分称"孔"，凸出的部分称"齿"，合称为"齿孔"。英国黑便士邮票问世时没有齿孔，使用起来很不方便，必须用剪刀一枚一枚剪开。直到 1854 年英国才出现打齿孔的邮票。根据形态，齿孔分为：光齿、毛齿、盲齿和漏齿。光齿：在邮票打孔后，齿孔中的圆形纸屑完全脱落，孔洞边缘光洁；毛齿：齿孔中纸屑未完全脱落，孔洞边缘不光洁，呈毛状；盲齿：在邮票打孔后，只有印痕，齿孔中的纸屑没有脱落，孔未通透；漏齿：应该打孔而漏打齿孔的。齿孔度数，是表示齿孔的量度，测量方法是把邮票放在量齿尺上，看在 2cm 的长度内有几个齿和几个孔。

（5）邮票的版铭

在整张邮票纸边上印有邮票编号、版号、张号、色标、设计者和印刷厂名等，统称"版铭"。版铭是研究邮票的重要资料，因此很多集邮者都喜欢收集带版铭的邮票。例如，我国 1981 年 4 月 29 日发行的 J63《中华人民共和国邮票展览·日本》邮票，在整张纸边上印有鸡、金鱼、风筝、天坛、蝴蝶等各种图案，以及邮票名称、设计者、印刷厂名、版号、张号、色标等。

（6）邮票上的水印

邮票是预付邮资的凭证。为了防止伪造，在造纸过程中，用特殊方法加压在纸里的一种标记，称"水印"。水印是一种无色标志，多为简单图案。在一整张邮票上，只有一个水印图案叫全张水印。水印图案在全张邮票中重复出现叫复式水印，水印的图案多种多样，如皇冠、太阳、月亮、太极图等。英国于 1840 年 5 月 6 日发行的黑便士邮票上就是以皇冠为图案的水印。1885 年我国大清邮政发行的小龙邮票和 1898 年发行的蟠龙邮票是以太极图为图案的水印。邮票上的水印很容易识别，在阳光或灯光下仔细看邮票背面就能发现。

（7）邮票上的志号

中华人民共和国成立后，中国人民邮政发行的纪念邮票和特种邮票，在票面底部印有邮票发行序号和年代，称"志号"。如 1952 年 7 月 7 日发行的《抗日战争十五周年纪念》邮票，在邮票底部左边印有"纪 16·4-1"。"纪 16"表示这套邮票是纪念邮票的第 16 套；"4-1"表示这套邮票有 4 枚，这是第一枚。邮票底部右边印有"（78）1952"，（78）表示该枚邮票在纪念邮票里的总编号，"1952"是这套邮票的印制年代。我国首次使用"纪"字头发行邮票，是从 1949 年

10月8日的纪1《庆祝中国人民政治协商会议第一届全体会议》开始，到1967年3月10日纪124《向32111英雄钻井队学习》邮票止，其间共发行"纪"字头的纪念邮票124套。

（8）邮票品相

集邮的人都非常讲究邮票品相。所谓"邮票品相"，就是邮票的相貌。衡量一枚邮票的品相有以下几点。新票：票面完整，没有破损，没有折痕，图案端正，颜色鲜艳，不褪色变色；齿孔完整，不缺角；背胶完好。旧票：票面完好，不揭薄，邮戳清晰，邮戳销于邮票一角（约占票面的1/4左右），这样的邮票为上品；邮戳轻印不损害票面美观为中品；邮戳重油影响图案美观为下品；如果是研究邮戳，以全戳为好，要能看见邮戳上的地名、年、月、日、时。这主要由收藏的目的来定。在收集邮票时要注意邮票品相，不要用手抓取邮票。用手抓取邮票易折角断齿。常见的邮票品相不佳有以下几种。

①破损。在撕邮票时，用力过猛，把邮票边缘撕破。（在分撕邮票时，按照齿孔多折几次，用力要均匀，不宜过猛。）

②折痕。在用镊子夹取邮票时，用力不均，造成折痕。信销票的折痕大多数是因为贴票时或在信件传递过程中受折而出现的。（一般的软折痕用水浸泡后重新压平，可以消除。）

③齿孔不全。齿孔短缺，有部分漏齿、缺齿、断齿。

④揭薄。在揭取邮票时，浸泡不透，造成票背纸质受伤变薄或揭成两层。

⑤擦伤。信件在邮递过程中，邮票画面被磨损。

⑥霉点。邮票受潮或背胶变质引起发霉，形成霉点或黑色斑点。

⑦墨渍。墨水或墨汁被弄到邮票上。（把食盐放在热水里，将邮票浸泡一下，墨渍会褪去。）

⑧油墨过浓。盖戳时油墨过浓，使邮票图案弄得模糊不清。

⑨指纹。用手拿取邮票时，手指上的油渍或汗液弄脏了画面。

⑩褪色。邮票长时间受灯光或太阳光照射，使原刷色褪色或变色（注意邮票不宜长时间被强光照射）。为了保持邮票清洁、完好、美观，对以上容易损伤邮票品相的可能性要预防。

邮票收藏"十忌"

（1）忌受潮

邮票受潮，会发生霉变，形成斑点，甚至纸张霉烂，刷胶票则会粘连。邮册应放在干燥通风的地方，在雨季和空气湿度较大时，不宜整理、欣赏邮票，但应适当翻弄散潮。

（2）忌日光暴晒

邮票受阳光照射过久，会褪色或变色。夏季气温较高，不宜在阳光下翻看邮册，以免邮册和护袋变形，背胶熔化。

（3）忌接近酸

邮票不宜与酸性或碱性物质接触，同时也怕受到煤气、沼气及化学物品的侵蚀。浸洗邮票时，不能用含有酸性、碱性及其他易起化学作用的洗涤剂。邮票存放也应远离这些物质。

（4）忌票面污染

整理邮票时，要注意清洁，有的人在浸洗、整理过程中不注意，将印色、墨水、油污、灰尘等弄到邮票上，这些物质使邮票受到污染，影响图案的清晰和票面的美观。

（5）忌拿手指摸

有的人图方便省事，不用镊子取邮票，而用手；有的人在欣赏邮票时，用手摸弄邮票，这容易使票齿受损，同时手上的汗渍、油污会将票面弄脏而失去原来的光泽。拿取邮票一定要用邮票镊子。

整理欣赏邮票时，手要洗净，桌面要擦抹干净，以免邮票受污。

（6）忌长期闭藏重压

将邮票久藏在箱子里，不拿出来翻看，日子久了，因空气不流通，箱内潮气散不出，会使邮票受潮，发生粘连，甚至可能发生虫蚀。同时，装满邮票的贴簿、插簿或袋装邮票，都怕挤压，尤其是刷胶票，长期挤压会粘连。所以，不要将邮票长期闭藏在箱子里不去过问，而应该经常翻弄、检查。箱子还应放一包生石灰，吸收潮气。邮册存放宜直立，且不要过挤，平放时不要重压。

（7）忌鼠咬虫蚀

老鼠、蟑螂、蛀虫都会咬坏邮册和邮票，尤其是用糨糊粘贴的，更容易发生鼠咬虫蚀的现象。所以，粘贴邮票一定不要用糨糊，而用胶水纸。邮册、邮票的存放，要选择鼠、虫不易侵扰的地方。

（8）忌硬撕蛮揭

有的搜集旧邮票时从信封上硬撕揭，造成撕烂、揭薄或损坏票齿。应该将其从信封上剪下，放在清洁的温水中浸泡。浸脱的邮票，用棉球将背面残留的糨糊、胶水、纸屑轻轻洗净，再用吸水纸吸干、晾干。

（9）忌胡粘乱贴

粘贴邮票不能用糨糊往邮票册上贴，这样就不便移动，还容易霉变起斑点，遭虫蚀鼠咬，所以粘贴邮票应用护邮袋或胶水纸。

（10）忌杂乱无章

搜集邮票要加以整理，切忌杂乱无章。邮票要按照专题或国别放在一起，一套套不要打乱。如果乱七八糟放在一起，越积越多，则不便整理、欣赏和研究。

保护邮票的常识

（1）邮票不能用手直接接触，因为再干净的手也是有油脂的，接触邮票会使票面失去原来的光泽。不过可以用邮票镊子夹取邮票。集邮用的镊子尖端扁平、圆滑、无绣、松紧适度。

（2）邮票最好用护邮袋包好放置，以免潮湿等因素影响邮票品相。

（3）在翻看邮票时，要远离墨汁、水等物品，以免发生意外。

（4）对于自己的邮票藏品，要定期地去翻看。这样可以对邮票进行通风，保持品相。

（5）邮票不能重压，如邮册最好不要平放，而要竖放，这样可以防止邮票粘连。

投资邮票的技巧

投资邮票技巧很多，在目前的新一轮行情中，投资者究竟应该如何投资邮票呢？专家有如下建议。

（1）要树立正确的投资理念

投资邮票不同于投资其他的项目，邮票是具有货币功能的特殊商品，邮票价值的高低受题材、发行时间、发行量、存世量、群众喜爱程度等诸多因素的影响，同时也受市场投机炒作的影响。因此，邮票价格的浮动受各种因素的制约，某一时间的价格并不代表其真实价值，对邮票本身价值的认定必须得到社会的认可，这里要扣除炒作的泡沫成分。

在当前邮票的价值严重偏离价格、泡沫水分已经挤干和打折邮票存在等诸多情况下，现阶段投资邮票，可以说符合天时、地利、人和的条件，没有太大的投资风险。但在投资理念上一定要明确，避免跟风炒作新邮，在不影响正常生活的前提下，适当投资邮票。

（2）投资邮票要量力而行

对广大中小投资者而言，投资收藏邮票的基本要素有两条，一是要判断邮票保值、增值的条件要素是否具备；二是在决策投资前一定要根据自己的经济条件量力而行，在没有绝对把握获利的情况下，切忌负债或超负债投资邮票。虽然邮政改制后的政策面对市场有利，但也要有预防突发性事件发生的心理准备。

（3）认真选择投资品种

在决定投资邮票后，挑选好的邮票品种也是一门学问。一般来讲，1991年之前的老纪特邮票存世量少，消耗很多，基本上都沉淀在社会，因此老纪特邮票的价格都较高，保值、增值比较稳定，受市场波动的影响较小，是长期收藏投资群体的首选。

6. 钱币知识及收藏指导

中国的钱币种类繁多，版别复杂，有显著区别者不下千余种，其中既有当时大量铸造，现存世较多的常见钱，也有传世甚少的稀有钱。常言道：物以稀为贵。一些钱币因传世少，收集者众而价格昂贵，成为罕品或珍品。于是，有市井之徒，见有利可图，纷纷改刻仿造，以假充真，给收集钱币带来许多困难。

我国收集古钱币的热潮出现于清代乾隆、嘉庆年间，到清末民初以后，集钱的队伍更为庞大。原来只值三四十元一枚的古钱，竟抬价到百元、千元，甚至数万元。因此，作伪更为严重，其技巧高者，仿制之品几可乱真。作伪者涉猎的范围遍及春秋战国到明清各代。他们除大量仿制工艺水平较高、被钱币收藏者重视、在国外享有盛名的钱币，如刀币、布币、环钱及王莽"一刀平五千"等外，也仿制一些短命王朝的钱币、铸量较少的稀有货币，以及获利不大的钱币。作伪者还迎合一些收藏者和爱好者为古钱币"配套"的心理，伪造年号钱。他们按历代年号排列，历史上缺什么年号钱就伪造什么年号钱，甚至有的朝代或年号根本没有铸钱，也被伪造者杜撰出某代年号钱。不少集币者，乃至国家文物部门的专家有时都难识"庐山真面目"，稍不留意，便上当受骗。因而，辨伪工作对货币研究者和收藏者来说至关重要。

鉴别钱币应从了解钱币制伪方法、钱币的时代特征、钱币的辨锈方法及掌握相关的知识等入手。

了解钱币造伪法

改刻法。即选择一般古钱，磨去原有文字，改刻另一种稀见品的文字伪造成珍贵古钱。例如，"齐法化"三字刀，出土颇多，伪造者选取质地较厚、氧化严重的"齐法化"，保留其"齐""化"二字，中间加刻"造邦囗法"四字，便成了一把珍贵的"齐造邦囗法化"六字刀了。还有如五铢改刻为三铢；大唐通宝改刻为大齐通宝；货泉改刻为中泉三十或凉造新泉等。凡此类改刻钱，可从文字、形制上找出原钱的本来面目，从新刻字上做的假锈辨出伪币。

由于铜质坚硬难刻，有的伪造者将普通钱文的面文全部铲除，然后在钱面上浇熔铅锡，摹刻成稀见品，再敷上伪锈。这种伪钱面背锈色不同，若在桌上轻轻敲击，即发出暗哑之声。还有的在钱面上堆积一些和胶的颜料、灰漆，待其干硬后刻成其他文字。也有在钱的面、背上做成星月或文字的，这些星月、文字用指甲即可剔掉。

翻砂法。即是用木质或骨质、软石雕成古钱的模型来翻砂，或是用原钱做成模型来翻砂。伪造者的翻铸工艺与古代不同，一般不大讲究，因此铜质疏松，表面砂眼、气孔多，即便经过打磨，也不如自然磨损那样温润而有光泽。还有，翻砂造伪往往以真钱作模，翻成后的伪钱要冷却收缩，再磨去表面粗糙层，自然要较真钱小一些。还有的利用真钱作模，同时改换一字作为珍品或奇品牟取高价，如崇德通宝即是利用崇祯通宝小平作模，再挖去祯字换成德字制成罕见的崇德通宝。

嵌补法。这种方法多用于两面均为钱文的"合背"钱。伪造时先将一枚古钱的背面内郭铲去，磨薄钱肉，再选另一枚同样大小的古钱，去其外轮，将背面磨薄，保留面文，然后嵌入第一枚古钱背面，用胶粘牢，四周细缝用松香或漆填没。

另一种嵌补颇有移花接木的味道，即将普通古钱的文字挖去部分或全部，再取别钱文字补贴上。例如，北宋的"圣未通宝"小平钱是罕见珍品，伪造者将"圣宋元宝"的元字挖去，之后将"元裕通宝"或"元丰通宝"的"通"字取下，粘在"元"的位置上，就成了一枚"圣未通宝"。

采用嵌补法制成的伪品粗看似真，因为都是由旧钱拼凑而成，无论文字、形制还是锈色等，都与真钱相似，然而只要细心观察其钱体有无嵌补的痕迹，同时往桌上轻掼一下，听听有否破声，即可判断真假。此外，我们还可以采用新的金属探伤技术来探测古钱内部有无嵌补情况。值得注意的是，一些氧化严重的古钱或铁钱绝不能往桌上掼，否则一击之下，往往会粉身碎骨。

了解古钱的时代特征

古钱的时代特征，主要包括钱文与形制两个方面。钱文的书体有篆、隶、真、草、行及宋体等。形制包括古钱的造型结构、铸币工艺和币材成分。鉴别钱文时，应首先观察其时代风格对不对。譬如，一位收藏者在整理传世品钱币时，发现了一枚铸有小篆体"东周""西周"字样的环钱，于是他以当时尚未出现小篆这种书体为依据，断定该钱的时代风格不对，是伪品无疑。有人还发现了若干枚标有"东周"和"西周"钱文的空首布。对此，凡有一些钱币知识和历史知识的人，都会作出正确判断，空首布是春秋时期的货币，而"东周""西周"是朝代名称。空首布的钱文大都是记干支、数字、地点、物名、天象的，没有记币值和朝代名称的。而且，"东周""西周"皆出现在战国后期，此时已不再铸空首布。这枚钱币亦与当时风格不符，是伪品。

在币材上，我国古代铜铸币大多用钢合金铸制。因所用合金成分不一，铸出的钱币色泽也各有千秋。用钢锌合金铸成的钱币呈黄色，铜锡合金铸出的钱币呈青色，称"青铜钱"。先秦之前的铜铸币与当时其他铜器一样，都是用钢锡合金制成的，去锈后呈青黄色，质地坚硬，能折不能弯。以后，各代也基本上用青铜铸币，唐代之前所铸钱币成分无大变化。只是到五代十国后，由于地方割据，各割据政权自筹铜铸钱，铸币的铜质才复杂化了，黄铜渐多。所以说，唐朝之前的各代货币，如果去锈之后，露出的是纯黄的底子，而且钱文模糊书写不清，造型过大或有两面铸文者，都可能是伪品。

了解钱币的辨锈方法

鉴定古钱时，分辨铜锈真假非常重要。因为每枚金属假币，几乎都在铜锈上有假。伪造铜锈一般采用下列办法。

将伪钱埋入土中，保持潮湿，或放在半干半湿处，让其自然生锈。此法虽能得到真的铜锈，不过一经摩擦，仍易脱落。

用漆和颜料拌和涂在伪钱上，做得好几可乱真，但时间一长，假锈就会脱落。

用真锈粘在伪品上，使人看上去硬绿满身。稍一疏忽，就会上当。

将伪钱浸在醋中，加人硫酸铜，此种伪锈带有结晶状的绿色。

将伪钱浸入硼酸溶液之中，短期即会生锈，但铜钱上的小砂眼被浸入后会烂成一个个小坑，像麻子一样，容易识别。

将铜屑末和上硼酸、颜料，涂在伪钱上，这样产生的铜锈虽然比较牢固，但缺乏神采。

因为伪锈是人为制造的，分布不均，铜锈质松，浮而不实，若用金属小刀轻轻一划，就会脱落，若用开水一煮，或用碱水洗刷，"锈"马上就会原形毕露，当然，这是一种迫不得已之法，不可轻易使用。

掌握与古钱币鉴定有关的知识

学习关于货币起源和商品价值理论，对于探讨、鉴定钱币有重大指导意义。货币是在商品交换发展过程中自发地起一般等价物作用的特殊商品。在我国春秋时期四大货币体系中，除贝币外，其他都是由生产工具演变而来的。例如，布币源于古代农具铸，刀币源于渔猎用的刀削，环钱源于纺轮。后来，为适应日益发展的商品交换的需要，这些货币逐渐向轻型薄小和圆形化发展。

过去，一些古钱商为迎合某些收藏家好古好奇的心理，臆造了一批造型奇特、文字诡异的古币，名曰"虞币""夏币""葛天氏""太吴氏"等，根本违背了货币起源的规律，是不能置信的。

掌握一定的历史知识，是钱币鉴定的基础。所谓历史知识，在这里主要包括下列内容：一是通史，即自先秦至今的社会发展史；二是断代史，侧重于历代史籍中的食货、钱币及中国近代史的有关部分；

三是专业史，内含经济史、经济思想史、商业史、财政史、文化史、对外贸易史、民族关系史、西方侵华史、农民起义战争史等；四是历史地理、图籍、古今文献资料等。

历史资料表明：中国历史上各时期货币的产生、发展、消亡及其转化，是由社会的、经济的、自然的、财政的、政治军事的及对外关系的等若干因素互相作用，再加上货币本身内在规律促成的。所以，不能脱离历史来鉴定钱币的真伪和断代。例如，20世纪初，四川等地曾经仿制了一批明代长方形银锭，上有"正德年制，平倭饷银""崇祯年制，平蜀饷银"字样。如果熟悉明代史，对鉴定这些银锭有很大帮助。因为明代倭寇为患，以嘉靖中叶后为剧，而止德年间并无倭寇犯境，何来平倭饷银？崇祯时，李自成起义军虽出入巴蜀，但并未建立巩固的根据地，朝廷发兵追截之处，远不止四川一地，清兵入川，雅布兰射杀起义军将领张献忠时，已是顺治三年了，可见平蜀饷银亦是假钱。

鉴定钱币还需要掌握一定的专业知识，如中国货币史、货币思想史，考古学、金石学及文物方面的基本知识，钱币学、铸造学、钱志、历代钱谱，货币史、金银史、纸币发展史等，钱庄、票号、典当、中国银行业和西方国家在华银行及其发行的纸币，等等。

货币史记载了大量有关古钱铸造、价值、支付、流通情况等资料，为钱币鉴定提供了佐证。考古学与金石学的研究成果，为鉴定古钱的真伪提供了第一手资料。钱币学是鉴定钱币的基础，它涉及的面较广，包括各个时代钱币的不同版别、形制、质地等特征，雕模及铸造知识，易与中国古钱混淆的朝鲜、日本、越南等国钱币形制，钱币的质地、色泽、产地及炉别等方面的知识。

古汉语和古文字学是阅读古史资料和考古文物成果所需要的基本功。没有这个功底对以前刊印的、没有标点符号的二十四史、十通、各朝会要、会典、实录等，都很难读懂。

钱币鉴定还要有一定的书法修养。钱文代表了一代书风，也是辨伪的主要依据。例如，瘦金体的钱文不会出现在徽宗之前，六朝的钱文不会出现于明清，明清的书风也不会在唐宋钱文中出现。有书法修养的人，容易辨别钱文的书法与时代是否相符，同时，能够分清文字的好、恶、肥、瘦、自然与模仿，以及一手所写与拼凑而成的微小差别。

综上所述，鉴定钱币需要许多方面的知识，只有多看、多想、多思，经过由此及彼、由表及里的深入分析，从不同角度互相补充、互相印证，才能最终得出科学的认定。

钱币收藏投资指导

（1）目前钱币投资市场的主体是金属流通纪念币。因此，对于初学者，流通纪念币是投资首选，其次才是已经退出流通领域的人民币。

（2）明白你的喜好。钱币种类和板块有数十种，选择哪一种钱币投资，要根据你的偏爱和喜好。同时，对其他种类的钱币适当收藏可以积累更多的经验，增加更多把握机会的能力。

（3）书上和报刊上的标价都是按照全品相钱币的价值标价，市场上出售的大多不是全品相钱币，因此价格比标价低。

（4）品相是钱币价格的决定因素，一枚全品相的钱币和一枚下品的钱币，价格可能相差 100 倍。

（5）对于古钱币、早期银币、外币或其他价值较高的钱币的投资，一定要循序渐进。对于不了解的钱币，千万不要贸然投资。

（6）各类钱币都已出现大量假币，投资之前要多读书，然而仅仅靠读书是不能成为假币克星的，还需要在实践的摸爬滚打中积累经验和知识。理论、实践、经验、感觉结合才可通透。

（7）钱币市场至今一直是低谷。低谷孕育着生机，现在介入钱币市场，会有丰厚回报。而一旦这个市场暴涨过火，进入疯狂，则要果断出手，获利了结，以待跌下去了再买。但也有人只买不卖，这是收藏者，应另当别论。

（8）投资的目的是为了增值，而实现增值的目的是要卖出去。有些钱币有很高的收藏投资价值，但它的价格过于昂贵，只有顶尖的收藏家才收藏它，所以变现性极差。因此，冷门的贵重钱币只适合作长线投资品种，不能期待一买到它就能卖掉。

7. 书画知识及收藏指导

收藏书画的第一步是要懂得鉴赏书画，鉴赏一词包括鉴定和欣赏两个意思。

学习鉴定，首先要丰富知识。我们不论喜欢古代书画还是喜欢现、当代书画，都离不开相应的知识。我国有五千年的文明史，产生的书画作品不计其数。我们不妨先读些美术史，这些知识是必备的，因为鉴定真伪与欣赏优劣都需要这方面的修养。

进入收藏界，首先要保持良好的心态，也就是我们常说的平常心。平和的心态，不是一开始就具备的，是在鉴藏活动中逐渐修炼出来的。面对一件藏品，只有心气平和才能慢慢品味其中的奥妙。这奥妙包括好的、坏的两方面。只有平心静气才能审评得当，才不会上当受骗。

收藏入门之三大基本功

（1）搞懂江湖术语

搞收藏应该懂得一些行话。一个行业有一个行业的行话，带有中国传统特色的行业尤甚。收藏界便是如此。

开门：由成语开门见山演化而来，一般形容那些没有异议的、一看便知的真品。

玩：内行人称收藏者为"玩"，初次见面问"玩什么"，意思是你收藏什么。

交学费：指买入赝品所花费的冤枉钱。

钓鱼：一些精明摊主的销售手段。把镇店之宝故意置露在外面不出售，为的只是吸引买家买入其他货品（展品）。

捡漏：是指以较低的价格，慧眼识宝，买进了"大开门"的收藏品。

绷价：在市场上坚持要高价，从字面上即可理解。一般不外乎两个原因，一是想卖个好价钱，二可能是想吓走顾客。

俏货：物美价廉的藏品，购买俏货须凭自己的眼力。

新货：不管什么藏品，总有好赖，甚至有赝品。这时候，业内人会说"这个东西有点新"，给摊主留点面子。

品相：就其品而言，品相越好，价格相对越高。

虫儿：通俗地说，就是压箱子底的藏品，能够让观者眼睛一亮的东西，甚至一屋子藏品也抵不过这一件，或说对一个行业十分熟悉，能钻各种空子的人。

走眼：指用较高的价钱买了不值得的藏品或赝品。

掌眼：初涉收藏领域，不知如何入门，拜个师傅多多指教，师傅便为你"掌眼"。

（2）保持良好心态

何谓"古玩"？用一句浅显的话讲就是：老年问的玩意儿。既是玩意儿，它的意义就应在于"玩"。

既然是玩，免不了会玩出些名堂来。玩到寝食难安、难舍难分是常事。苏东坡说："吾薄宝贵而厚于书，轻死生而重于画。"就是这个意思。玩是要花费心思的，这种心智的花费应该是平心静气、气定神闲的。

（3）了解书画各部位名称

收藏、鉴定、经营书画时，必须对书画每个部位的名称术语有全面了解。

①命纸：就是画心的托纸，无论画心是纸的还是绢的都有一层托纸。如把纸托揭掉，画心则减色无神了，即无生命，故名"命纸"。

②二层：揭下的托纸，有时稍加匀填，即能谓其真画者，叫"二层"，又叫"魂子"。因其是画心二层，是命纸画的灵魂，也叫"混子"，是以假乱真的意思。

③让局：就是画心四边和裱边之间留有一分宽的空隙，谓之"让局"。

④覆背：画背后整个的裱纸。

⑤隔界：在条幅的上下或者手卷的前后，裱工加上一条不同颜色的绫或绢叫"隔界"或叫"隔水"。

⑥诗堂：直幅画心上端，挂上一块纸方叫"诗堂"。一因画心短，经过衬托后比较得体；二是为了题诗赞画，所以叫"诗堂"，有人亦称"玉池"。

⑦画杆：就是卷画用的圆木杆，上端叫"天杆"，下端叫"地杆"。

27

⑧绊：在画幅背后地杆两边有两条绫或绢，如葫芦或云头样式的厢边叫"绊"。

⑨包首：就是在画上首袖裱纸背后加裱一段绢或绫。

⑩画签：在包首上端，天杆旁粘有一段纸条叫"画签"。它可题写作者姓名和画的内容，以及收藏者的姓名、年、月。

⑪曲圈：就是画的天杆上的铜鼻，用它拴丝扣，以便悬挂。

⑫扎带：就是丝巾扣中间推的绢带，用来捆扎画轴的。

⑬燕带：就是画幅裱工的上端，粘有两条对称的直带叫"燕带"。

⑭作品形式：条幅、中堂、扇面、圆光、长卷、横披。计算单位：尺、米。

书画收藏的注意事项

由于用于写字作画的材料是纸、绢、绫等纤维材料和丝织材料，如果年工久远或保存不善，易脆、易断，所以在挂画、卷画、存放字画时，要特别注意小心轻放。一般来说，书画最怕虫蛀、发霉、受潮、水浸、火烧。与其他文物相比，显得更为娇贵，因此做好书画收藏是非常重要的。

（1）要适当挂展

书画艺术品的收藏和展示功能是并存的，如果只藏不展就埋没了它的艺术欣赏价值。中国有春、秋晾画的习惯，因为这两个季节比较适合书画的通风与晾晒，除了欣赏，还可以及时发现书画在存放过程中不明显的变化，如受潮、虫蛀等。

悬挂期间要注意空气的潮湿度，若遇阴雨连绵，空气湿度特别大，书画就极易遭受霉菌侵害，此时最好将书画卷收起来。如若书画已经受潮，可将受潮轻的作品摆放到铺有毡子的平案上，将室内温度

调整到 $22℃ \sim 25℃$ 之间慢慢晾干；对受潮较为严重或被雨水淋湿的作品，则要考虑重新揭裱。

挂画的方法很讲究，应右手执画权，钩住书画绦带中心，左手托住画的中间部位，大、小指在内，中三指在外，随着画权的举高，托画左手指要相应放松，慢慢将画展开，挂好后再离手。摘画时左右手姿势与挂画时姿势相同，摘下后平放于案上，卷画时注意卷齐、卷紧。

太阳光对书画的影响最大，因为紫外线可使画面的颜料蜕变、分解，导致纸质老化，因此不能悬挂于靠近窗户的地方，尽量避免太阳光直接照射画面。

（2）要及时除尘

汽车尾气和工业污染使空气中的酸碱含量较高，沉积在画面上时间长了也会侵蚀画面。一般来说，一月除尘一次为佳。除尘方法：可用电吹风的自然风档，保持 $10cm \sim 15cm$ 的距离斜着从右向左清扫；或将吸尘器开到低风档，配以软毛刷清扫，在清扫过程中用吸尘器将尘埃吸走（使用此法要特别注意吸嘴与画面的距离以及吸力的大小，以免误伤作品），也可用鸡毛掸轻轻清扫画面。切不可用抹布一类物品擦拭画面，因为在擦拭的过程中，细小灰尘会进入纸张纹理，造成更大的损害。

（3）要卷放得法

书画作品长期处于挂展状态时，纸张要承受下垂的拉力和张力，使纸张的强度减弱，因此在挂展一段时间后，就应当卷放起来，恢复原来的拉力和张力。收卷时先轻松卷起，再慢慢旋转轴头卷实，太松会使画卷松动，易被压折；太紧又使画卷中间留下捆扎的痕迹。

总的来说，书画作品的挂展时间不宜太长，一年可挂展两次，每次1～2个月。

（4）要科学入藏

藏置环境有严格要求，首先是防虫、防潮、防火；其次是控制和调节存放环境的温、湿度，切忌高温、高湿、重压。蠹鱼（也称衣鱼、纸鱼）是无翅昆虫，一般蛀食书画表面，特别危害糨糊粘贴处。烟草甲的幼虫对书画危害极大，它们喜欢在书画中打洞，而后将自己藏于洞内。一般书画防虫多用驱避剂，常用的有卫生球、樟脑丸和对二氯化苯，这些物品都是白色固体，易于挥发，其中对二氯化苯杀虫能力最强，但人们多受习惯影响，最常使用的仍然是商品化的卫生球。

对存放环境来说，要求书画箱柜的密封性要好，使保存环境相对稳定。常用的木箱一般采用樟木做成，因樟木本身就有防蛀作用，而且密封性能较好。但不论用哪种箱柜，都要把书画悬空放置，即用木条一类东西担空，下面留出一定空间放置干燥剂、防虫剂。为了安全，这些试剂都应当用布或透气性较好的纸包起来，不可直接接触书画作品。

字画的保存收藏技巧

字画是收藏的最重要门类之一。收藏于国家博物馆、图书馆、档案馆中的字画，都有专人管理，存放条件也相对较好，对其进行系统的科学保护，是正在深入广泛研究的课题，这里且不深究。而个人收藏的字画如何保存呢？下面就从文物保护角度出发，提出几点对字画的保护常识，以供藏界朋友参考。

（1）适当挂展，及时除尘

字画裱件，是精美的艺术品，必须有一定时间的挂或殿。藏于箱底秘不示人的做法是不可取的，因为字画慢慢进行的潜在变化人们不能及时得知。等发现问题已为时太晚。所以，对装裱以后的字画都要间隔地挂展一段时间。在挂展期间，要注意及时除尘，因为现在的环境污染比较严重。例如，北方某大城市的空气中含有二氧化硫 0.064mg/m³（日均超标率 12%），氮氧化物 0.059mg/m³（日均超标率 14.1%），总悬浮微粒 0.370mg/m³（日均超标率 62.5%）。尘埃吸附这些有害气体，悬浮于空气中，日久天长沉积在画面上，就会侵蚀画面。一般来说，城市环境一周除一次尘，乡村环境一月除一次尘。展挂期间，要注意空气的湿度，若遇阴雨连绵，空气湿度特别大，可以先把字画卷收起来。人为改变小空间环境，如加热取暖，加湿加香都要倍加注意。冬天取暖，字画要与暖气、烟筒保持一定距离；夏日制冷，要与空调的进气口保持较远距离。前不久，一朋友说冬天给房子增加湿度，加湿器离他一幅心爱的画较近，只一个多小时，使画发生卷曲，落款墨迹扩散，画面下 1/3 处有一道水印，后悔不已。

光是对画影响最大的自然因素，特别是紫外光，它可使画面颜料蜕变、分解，导致纸质变化。紫外光主要来自太阳光，白炽灯泡和荧光灯管发出的光也有少量紫外光。因此，在挂画时，不能靠近窗户，避免太阳光直接照射画面。灯泡或日光灯发出 400～700nm（纳米）可见长，虽说影响不大，但长时间近距离照射也能使字画纸质变黄。所以，在房子布局安排上，应该让灯泡、日光灯与字画保持 1m 以上的距离，并选用低功率灯光源。

（2）卷放得法，有张有弛

在挂展一段时间后，除按前面叙述的方法除尘外，还要观察表面有无变化，若有霉点、虫蛀点，则要送到文物保护技术部门进行科学保护处理。卷字画时，先松后紧，先松松卷起后，再慢慢旋转轴头，把字画卷紧卷实。然后用画带捆扎，捆扎的轻重一定要适度，太松使画卷松动，易于被折压；太紧使画卷中间留下捆扎的硬痕迹，影响画面整体美观。

挂展字画使它处于工作状态，纸张要承受下垂的拉应力和张力，使纸张的强度减弱；卷放则使字画处于休息的状态，其应力和张力都大幅度减小。总的来说，挂展的时间都不宜太长。一年可挂展两次，每次 *1* 至 *2* 个月。

（3）科学保护，永藏光辉

要想使字画永葆"青春"，对藏置环境有严格的要求。首先是防虫、防霉、防火，其次是控制和调节温度、湿度。

对存藏环境来说，要求书画柜或书画箱要密封性好。使保存环境相对稳定。民间常用阳江漆皮箱，由杉木制成，内外都蒙上纸，再涂上黑色的木漆，避光防潮，密封性能较好。现在有条件的地方，都用保险柜一类密闭性能较好的器物。但无论用哪种箱柜，都要把字画悬空放置，即用木条一类东西担空，下面留出一定空间放置干燥剂（变色硅胶或二氯化钙）、防虫剂（卫生球、樟脑丸、对二氯化苯）、防霉剂，再把字画放置在木条上。为了安全，这些试剂都应当用布或透气性较好的纸包起来。若要移动和运输字画，万不能直接移动和搬运箱柜，而应打开箱柜，取出药品，再把字画放入并将字画固定放置，以使字画不在箱内东碰西撞。到了新的地方，再重新放入保护药品，密封保护。

根据大量的实验证明，字画最适宜的保存温度为 *14 ～ 18℃*，最合适的相对湿度为 50% ~ 60%，这样的条件，不利于微生物、霉菌的生长和繁殖。控制湿度，主要用干燥剂变色硅胶或无水氯化钙。控制温度，则可用空调调节室内温度。

以上是对保护字画提出的一些常规性办法，而具体的保护措施，则需要藏界的朋友根据长期的收藏经验，根据字画实际情况，认真观察，分析总结。

8. 瓷器知识及收藏指导

瓷器的故乡在中国，可以说瓷器的历史就是中国的历史，它是中国古老文明的象征，也是人类物质文化研究的重要内容之一。中国古代瓷器的中心在江西景德镇，景德镇古称为"昌南"，当时的外国人将"昌南"读为 china，于是 china 即"瓷器"之意，更成为中国的代名词，这就是英文中 China（中国）一词的由来。

中国古代瓷器，是有着从低级到高级，从原始到成熟逐步发展的过程。

（1）早在 3000 多年前的商代，我国已出现了原始青瓷。

（2）到东汉时摆脱了原始瓷器状态，烧制出成熟的青瓷器，这是我国陶瓷发展史上的一个重要里程碑。

（3）三国到唐代，制瓷业得到发展，形成"北白南青"的两大窑系。即北方邢窑的白瓷类银类雪，南方越窑的青瓷类玉类冰。

（4）宋代是我国瓷器空前发展的时期，突破了以往青、白瓷的单纯色调，除青、白两大瓷系外，黑釉、青白釉和彩绘瓷等纷纷兴起，在河南禹县钧窑发现了窑变现象，使瓷釉具有各种不同的颜色，五光十色，光彩夺目。这就是汝、官、哥、定、钧五大名窑。

宋代文化在中国古代社会处于空前绝后的水平。宋瓷是宋代文化的主要构成部分，是两宋文化的一朵绚丽的奇葩。宋瓷在海外贸易中，已成为风靡世界的名牌商品。宋瓷有民窑、官窑之分，有南北地域之分。

所谓官窑，就是国家中央政府办的窑，专门为皇宫、王室生产的用瓷；所谓民窑，就是民间办的窑，生产民间用瓷。官窑瓷器，不计成本，精益求精，窑址的地点、生产技术严格保密，工艺精美绝伦，传世瓷器多是稀世珍品。而民窑，当时生产者看重的是实用、使用价值，生产者要考虑成本，工料就不如官窑那么讲究，但也有精美的艺术产品。纵览两宋瓷坛，民窑异彩纷呈，与官窑交相辉映，蔚为壮观。

宋瓷窑场首推汝窑、官窑、哥窑、钧窑、定窑，后人称之为"宋代五大名窑"。

汝窑是北宋后期宋徽宗年间建立的官窑，前后不足 20 年。为"五大名窑"之首。汝窑以青瓷为主，釉色有粉青、豆青、卵青、虾青等，汝窑瓷胎体较薄，釉层较厚，有玉石般的质感，釉面有很细的开片。汝窑瓷采用支钉支烧法，瓷器底部留下细小的支钉痕迹。器、物本身制作上胎体较薄，胎泥极细密，呈香灰色，制作规整，造型庄重大方。器形多仿造古代青铜器式样，以洗、炉、尊、盘等为主。汝窑传世作品不足百件，因此非常珍贵。汝窑瓷器最为人们称道的是其釉色，后人评价"其色卵白，如堆脂"。可见汝窑烧制的青瓷确有独特魅力，被人们推举为五窑之首，名副其实。

官窑，是宋徽宗大观及政和年间在京师汴梁建造的，窑址至今没有发现。官窑主要烧制青瓷，大观年间，官窑以烧制青釉瓷器著称于世。主要器型有瓶、尊、洗、盘、碗，也有仿周、汉时期青铜器的鼎、炉、彝等式样，器物造型带有雍容典雅的宫廷风格。其烧瓷原料的选用和釉色的调配也很讲究，釉色以月色、粉青、大绿三种颜色最为流行。官瓷胎体较厚，天青色釉略带粉红颜色，釉面开大纹片。这是因胎、釉受热后膨胀系数不同产生的效果。这是北宋官窑瓷器的典型特征。

北宋官窑瓷器传世很少，十分珍稀名贵。宋代官窑瓷器不仅重视质地，且更追求瓷器的釉色之美。

哥窑，确切窑场至今尚没有发现。据历史传说为章生一、章生二兄弟在两浙路处州、龙泉县各建一窑，哥哥建的窑称为"哥窑"，弟弟建的窑称为"弟窑"，也称章窑、龙泉窑。哥窑的主要特征是釉面有大大小小不规则的开裂纹片，俗称"开片"或"文武片"。细小如鱼子的叫"鱼子纹"，开片呈弧形的叫"蟹爪纹"，开片大小相同的叫"百圾碎"。小纹片的纹理呈金黄色，大纹片的纹理呈铁黑色，故有"金丝铁线"之说。其胎色有黑、深灰、浅灰及土黄多种，其釉均为失透的乳浊釉，釉色以灰青为主。常见器物有炉、瓶、碗、盘、洗等，质地优良，做工精细，全为宫廷用瓷的式样，与民窑瓷器大相径庭。传世哥窑瓷器不见于宋墓出土，其窑址也未发现，故研究者普遍认为传世哥窑属于宋代官办瓷窑。

钧窑，分为官钧窑、民钧窑。官钧窑是宋徽宗年间继汝窑之后建立的第二座官窑。钧窑广泛分布于河南禹县（时称钧州），故名钧窑，以县城内的八卦洞窑和钧台窑最有名，烧制各种皇室用瓷。钧瓷两次烧成，第一次素烧，出窑后施釉彩，二次再烧。钧瓷的釉色为一绝，千变万化，红、蓝、青、白、紫交相融汇，灿若云霞，宋代诗人曾以"夕阳紫翠忽成岚"赞美之。这是因为在烧制过程中，配料掺入铜的氧化物造成的艺术效果，此为中国制瓷史上的一大发明，称为"窑变"。因钧瓷釉层厚，在烧制过程中，釉料自然流淌以填补裂纹，出窑后形成有规则的流动线条，非常类似蚯蚓在泥土中爬行的痕迹，故称之为"蚯蚓走泥纹"。钧窑瓷以花盆最为出色。

定窑为民窑。定窑以烧白瓷为主，瓷质细腻、质薄有光、釉色润泽如玉。定窑除烧白釉外还兼烧黑釉、绿釉和酱釉。造型以盘、碗最多，其次是梅瓶、枕、盒等。常见在器底刻"奉华""聚秀""慈福""官"等字。盘、碗因覆烧，有芒口及因釉下垂而形成泪痕之特点。花纹千姿百态，有用刀刻成的划花，用针剔成的绣花，特技制成的"竹丝刷纹""泪痕纹"，等等。

出土的定窑瓷片中，发现刻有"官""尚食局"等字样，这说明定窑的一部分产品是为官府和宫廷烧造的。

（5）元代烧制出典型的元青花和釉里红及枢府瓷等，尤其是元青花烧制成功，在中国陶瓷史上具有划时代的意义。

（6）明代彩瓷（彩绘瓷）、斗彩、五彩的出现。彩瓷有釉上彩和釉下彩两种。在胎坯上先画好花纹图案再上彩，后入窑烧成的彩瓷叫作釉下彩；在上釉后入窑烧成的瓷器上再加以彩绘，又用炉火烘烧而成的瓷叫作釉上彩。

明代成化年间出现了斗彩。所谓斗彩，就是在烧成的青花瓷上加红、绿、黄、紫等彩料后，再经炉烘烧而成的。

嘉靖、万历年间出现了五彩。所谓五彩，实际上不一定是五种颜色，而是包括红彩在内的多彩瓷器。

景德镇成为中国瓷都。

（7）清朝是中国瓷器发展史上的第二个高峰。康熙时不但恢复了明代永乐、宣德朝以来所有精品的特色，还创烧了很多新的品种，珐琅彩瓷也出现在这一时期。

雍正粉彩非常精致，成为与号称"国瓷"的青花互相媲美的新品种。

乾隆朝的单色釉、青花、釉里红、珐琅彩、粉彩等品种在继承清前期的基础上，都有极其精致的产品和创新的品种。

瓷器的种类

瓷器在传统艺术品收藏领域中是一个大项，收藏者甚众，因此藏友必须要牢牢掌握有关瓷器的最基本的知识，才能在收藏鉴赏中有扎实的理论依据。

瓷器总体上分为两大类，即单色釉瓷和彩绘瓷。单色釉瓷又分为素瓷和色釉瓷，二者均俗称为"一道釉"。

中国明代以前是素瓷时代，明代以后才有了彩瓷的蓬勃发展。素瓷是指无论釉上和釉下都没有色彩的瓷器，没有绘制的花纹，包括青瓷、黑瓷、白瓷、青白瓷四种。

青瓷：也叫绿瓷。釉中含有氧化铁，是最早出现的瓷器，发展到宋代时最著名的是龙泉窑。

黑瓷：也叫天目瓷。是在青瓷基础上增加了铁的含量烧制而成的。著名的有建窑和德清窑。

白瓷：由于含铁量低而形成透明釉。最著名的有定窑和邢窑。白瓷的出现使得在瓷器上作画成为可能，因此为彩瓷的发展奠定了基础。

青白瓷：也叫影青、隐青、映青、罩青等。釉色介于青和白之间，青中泛白、白中闪青，类冰类玉。

素瓷是在通风状态下烧制而成的，由于釉中所含氧化铁的含量不同而呈现不同的釉色。而色釉瓷是指带有颜色的一道釉瓷器，是在密闭状态下烧制而成的，由于氧化铁、氧化铜等含量不同以及烧制温度不同，而呈现不同颜色的釉色。色釉瓷包括红釉、酱釉、蓝釉、黄釉、绿釉、紫釉等。

彩绘瓷就不是以釉色取胜了，而是以器型、绘画和彩来取胜的瓷器。彩绘瓷的发展由青花开始，即在釉上或者釉下开始出现纹饰，随着发展，分别出现了青花、两彩、三彩、五彩、斗彩、粉彩、古铜彩、金彩等。其中，青花一般为釉下彩，三彩和五彩一般为釉上彩，而斗彩则是釉下青花而釉上五彩。

瓷器的特征

（1）瓷器的胎料必须是瓷土，如高岭土、瓷石等。

（2）瓷器的胎体必须经过（$1\,200 \sim 1\,300℃$）的高温焙烧，烧结而成。

（3）瓷器表面所施饰的釉，必须是在高温下与胎体一道烧成，呈玻璃质釉，并与胎体融为一体。

（4）瓷器胎质细腻致密，无吸水性或吸水率在 0.3% 以下。

（5）瓷器胎质坚硬结实，叩之有清脆悦耳的金石之声。

（6）瓷胎为白色或近白色，薄胎者具有透明性。

瓷器鉴定的方法

（1）是以考古发掘出土的、有明确地点或地层，抑或窑口、年代的标准器为鉴定依据。

（2）是以传世瓷器所具时代风格、基本特征和地方特色为鉴定依据，但无论是用标准器来加以比较鉴定，还是从鉴定对象本身所具时代风格、基本特征和地方特色为依据加以鉴定，都必须从瓷器的造型、纹饰（有纹饰者）、胎釉、款识（有款识者）、工艺几方面入手，对瓷器的年代、窑口及瓷器真伪进行鉴定。

瓷器鉴定的要诀

首先看总体风格，详察局部变化。古瓷器的时代总体风格如下。

商周：幼稚粗糙。保持了陶器的特征，器类少，造型单调。此时期制造的原始瓷器多仿陶器造型。

春秋战国：刚劲古朴。多仿青铜器。

东汉：简单粗疏。青瓷刚刚成熟，品种少，质量（胎、釉等）尚差。

两晋南北朝：西晋时期显浑圆矮胖。许多器物造型模拟动物塑成，或仿其他质料的实用器物，如仿漆器、铜器等，瓷明器尤是如此；东晋时期显秀骨清象，比西晋瘦长。此风格从南朝直达隋代。

唐代：浑圆饱满。显出勃勃生机。

宋代：修长轻盈。优美清新，秀丽典雅。

元代：厚重粗犷。质朴无华，有的近乎草率。

明代：敦厚古朴。颇富唐宋遗风。

清代：轻盈新颖。特别注重创新，造型秀丽多姿。

瓷器的辨伪

作伪方法主要有以下几种。

整体作伪，指后人根据前人制作的某一物，照样或依文献的记载抑或图录而制造的器物。

部分作伪，指伪器的口、流、嘴或腹、底或足、把等部位有后补或后配上的。

套口，此伪作形式有多种。

镶底，此伪作法也有多种。

后加款，指在原无款的器物上加款。

后加彩，是较常见的一种作伪手法。

伪器的特征

胎体不是过重便是过轻；

胎质、釉质过细；

造型失去真器风格；

轮廓线显生硬；

无使用后的光滑感；

釉面光泽显强；

釉色，白釉太白且白中泛蓝而不是泛青，彩色太鲜（白彩太白、红彩太红）而无真器彩色的意蕴；

造型和纹饰有些特征强调太过分而极不自然；

有些纹饰的绘画线条不流畅而显笔力拘谨；

款识书法无力，字体做作不舒展，欠自然。

第二章

学生集邮收藏活动指导

1. 集邮的起源

世界上第一枚邮票是在 1840 年 5 月 6 日由英国正式发行的。这枚邮票图案采用维多利亚女王头像，面值 7 便士。当天，大英博物馆的约翰·格雷专门到邮局买下这枚邮票，并作为纪念品保存起来，这可能是世界上第一个以收藏为目的收集邮票的人。1841 年，英国一些时髦的妇女为装饰自己的房屋、茶几、果盘等，开始大量收集邮票。从此以后，收集邮票的风气也就逐渐形成。

2. 集邮的范围

概括起来，集邮的范围可分为：邮票类、封类、片类、戳类、邮政用品和邮政史料类、集邮纪念品类。

邮票：根据用途不同可分为普通邮票、纪念邮票、军用邮票等 20 多种，以及小全张、小型张、小版票、小本票、盘卷邮票、电子邮票等。

封：主要是指上面贴有邮资或印有邮资的信封。有实寄封、首日封、军邮免费封等。

片：主要指各式样的明信片、邮折、邮卡、邮筒等。

戳：主要指邮政部门加盖在邮件和集邮品上的戳记。

邮政用品和史料：主要指邮政单据、航空签条、挂号签条、邮局代封券、封口纸、包裹单、邮资条、特快专递签条、保价信函封志等用品，以及多种邮政资料、公文、新邮报道等。

集邮纪念品：主要指纪念张、纪念卡、邮票艺术瓷盘、集邮纪念像章等。

3. 集邮的方式

大体上可将集邮方式分为：传统集邮、专题集邮和其他方式。

传统集邮：从世界上或者一个国家第一枚邮票开始收集，一枚不缺，其方式是异常艰巨的，对现今的普通集邮者来说是无法办到的。但该方式还可细分为：按一个国家或地区所发行邮票的时间先后，由不同体系邮票分别组合，形成系列集邮，如人物邮票等；按某一时期或一特定时间发行的邮票收集组合，形成断代集邮。

专题集邮：主要指专门收集不同专题或主题的邮票，组成丰富多彩的主题邮集或专题邮集。其集邮方式又可细分为按图案、按发行目的、按主题三种类型。专题集邮题材广泛，内容丰富，讲究科学性与艺术性有机结合，要求集邮者具有较高的集邮知识水平和较深广的文化水平。

其他方式集邮：指以收集邮戳、邮政用品、邮政史料等为主的集邮方式。

4. 集邮工具

集邮常用的工具有：镊子、放大镜、量齿尺、书写工具、护邮袋、衬纸及紫外线灯、集邮工具书等。

镊子：为防止沾污票面，在整理和观赏邮票时，一定要用镊子。集邮用的镊子是特制的，尖端呈"鸭嘴形"，扁平、圆滑。为防生锈，材质以不锈钢的为好，而且表面光洁、平整、弹性好。夹取邮票时，松紧要适度，以防镊子头损伤邮票的齿孔。另外，镊子头要保持清洁，用完后最好装进干净的纸袋或塑料袋中保存。

放大镜：主要用来分辨不同版次邮票的细微差别，欣赏寸方之地的艺术风光，检查、鉴定真伪和品相好坏的邮票，等等。

量齿尺：这是用来计量邮票齿孔的必备工具。有关邮票齿孔的知识请详看"邮票的齿孔"。

书写工具：在制作邮集时，常需在贴片上书写文字说明，这就需要钢笔、墨水；为了把贴片装饰得更美，又需要规尺、绘图板等文具。

护邮袋、衬纸：护邮袋是用一种黑色衬纸，上面轧罩一片透明的塑料薄片制成的，起防止邮票损伤和沾污的作用。邮票放入其中显得更加光彩夺目。护邮袋有多种规格，可根据需要加以剪裁。衬纸一般是指衬在邮票下边的黑色或深色纸。使用方法、作用与护邮袋一样。

紫外线灯：这是集邮家专门用来鉴定邮票真假的工具。

集邮工具书：它包括集邮辞典、邮票目录、集邮图鉴、集邮刊物等。

5. 邮集的制作

一部邮集的产生，一般要经过整理和编排两个过程。

整理：整理邮票的过程，就是对邮票深入研究和探讨的过程，也是去粗取精的筛选过程。在整理时，还应充实一定数量的必不可少的封、片、戳等邮品，经过精心编排才可制作出一部成功的邮集。

编排：一部成功的邮集，必须具备"四性"，即思想性，这是邮集的灵魂，一定要具有鲜明的时代特色；知识性，这是邮集的"血"和"肉"，有了它，邮集才富有生命；完美性，这是邮集的"四肢"，邮品一定要具备所需整体，不可缺胳膊少腿，也不可一股脑全搬上；珍贵性，这是邮集的身价。物以稀为贵，存世稀少的邮品即珍贵，当然，还包含着史料价值和邮史知识。邮集基本上具备了"四性"，如再编排得法才能算是一种完美无缺的邮集。一般在设计邮集贴片时有下列四种排列法：对称排列法、水平排列法、均衡排列法、错落有致排列法。

6. 邮票的计量单位

邮票最小的计量单位是枚。邮票全张是邮票印刷厂打包正式出厂投放邮局出售的成品，全张中枚数一般多为 $5 \times 10 = 50$ 或 $10 \times 5 = 50$，也有 $8 \times 10 = 80$、$5 \times 4 = 20$、$4 \times 4 = 16$ 不等。我国纪念邮票和特种邮票的全张规格为 $225\,\text{mm} \times 330\,\text{mm}$。集邮者在购买邮票时，常常以套为单位，也称全套邮票。全套邮票可以是 1 枚，也可以是多枚。

每张邮票，由于分撕成不同的形式，使 2 枚以上邮票相连，就形成不同的"连票"。由 4 枚相连的邮票组成的"田"字形，称"四方连"。它可以是同一图案，也可是一套邮票而互不相同，如 J·47《中华人民共和国成立三十周年》。由相邻的 2 枚以上邮票组成横双连、三连、四连……或直双连、三连、四连……，有时整套邮票采用这种形式，形成一个完整的图案，如纪 106《中华人民共和国成立十五周年》为横三连一套。有时整套邮票虽印在一起，但每枚邮票的图案是独立的，如 J·122《邹韬奋诞生九十周年》为横双连一套，因这套邮票的面值不同，故又称"异值双连"。

7. 邮票的齿孔

　　早先发行的邮票是无齿孔的。*1847* 年，爱尔兰人亨利·亚策尔在朋友家作客时，见朋友用针在无齿孔邮票骑缝上扎一连串小孔，而从中受到启发，发明了打孔机。*1854* 年以后，英国首先使用打孔机，发行了带齿孔的邮票。之后，众多国家效仿。中国邮票的齿孔主要有三种。

　　1. 光齿。指邮票的齿孔圆孔洞边缘光滑清晰，无毛茬，齿孔中的纸屑完全脱落。

　　2. 毛齿。指邮票的齿孔圆孔洞边缘不光滑，孔尖呈毛状，圆形齿孔中的纸屑没脱落。

　　3. 点线齿孔。也称线形齿孔。由于齿孔是用线齿轮打的，因此邮票齿孔孔洞是短线条状的，齿孔中的纸屑不被打落，仅在邮票骑缝缝间切断开。

　　国际上规定，在每 *20* mm 的长度中，有多少齿孔就称多少"度"。这种计量方法是一位法国医生勒格拉在 *1866* 年创造的。如一枚邮票四个边上在 *20* mm 内有 *12* 个齿孔，就是 *12* 度，如是 *12.5* 个齿孔，就是 *12.1/2* 度。这种邮票四边的齿孔度数相同，称单式齿孔。如横竖边不相等或四边均不相等的，称复式齿孔。

　　单式齿孔邮票仅取一边齿孔度表示即可。而复式齿孔邮票，横竖形的则用横竖表示邮票两边齿孔度，如 *13×12.1/2* 表明横 *13* 度，竖 *12.1/2* 度。如四个边齿孔度均不相同，可按照顺时针方向，依次标出上、右、下、左四边的齿孔度数，中间以乘号相连。如是三角形邮票，则按三角形左、右、底边的顺序表示，中间以乘号相连。

　　邮票齿孔度的测量工具是量齿尺。一般用金属板或硬纸卡制成，上面刻有精密的齿孔度数。它是鉴别邮票真假和区别不同版别的一项重要技术标准，集邮者应高度重视它。

8. 邮票的版别

通常首次印刷发行的邮票称为"原版票"。如果母版不销毁，经若干年后，在邮票订正使用后再次发行。尽管仍用当年的母版重新印刷，却称"再版邮票"。1980 年，我国邮电部邮票发行局负责人郑重宣布"中国不重印过去的邮票"。这就确保了新中国邮票的国际市场的信誉。

值得一提的是，在原母版上已经改动，尽管是轻微的改动，但再次印刷发行的邮票被称为"改版邮票"或"新版邮票"，不可称"再版邮票"，称其为"再版邮票"显然是不科学的。普通邮票由于用量大，同一印版邮票往往要印刷多次，这种印次，只能名副其实地称作是第几次印刷，不宜称"重印"，因为重复印刷在英文里是"reprint"即再版之意。

9. 邮票的品相

邮票品相的好坏，好比人的相貌。主要从以下几个方面衡量。

1.有无残缺、破损：缺角少齿或有破损，无论新、旧票都品相不好，为残票。特别珍贵的稀有旧票、个别具有文物价值值得收藏的除外。

2.有无揭薄：邮票背面有一部分被揭去的常称之为"揭薄"。被揭去的部分较之周围薄一些，如果邮票图案完美无损，仍有一定的收集价值，但品相较差。

3.有无折痕和褶皱：有折痕和褶皱的邮票都属品相不好。有些轻微的折痕和褶皱，如经过熨压，可以平整舒展复原，仍有收藏价值。

4.有无脏污：邮票上有墨点、茶水或其他污斑点等都属品相不好（珍贵邮票可例外）。

5.有无剪坏、撕坏的地方：当然，早期无齿孔邮票由于剪、撕时，四边不均匀或有少许剪坏，也依然具有珍藏价值。

6.有无褪色：为保证邮票色彩稳定不变，一定要学会科学的收藏方法，否则褪色品相不好。

7.有无背胶损坏：刷有背胶的邮票，如背胶发生纵横断裂的折胶或裂胶现象，均属品相差。

8.齿孔是否端正：由于齿孔打歪使图案不能居中，或缺齿、断齿均为品相不好。

9.信销票邮戳盖得是否得当：盖销邮票的戳迹越小越好，以不盖住主图案为最佳，反之则品相不好。

10.邮票的鉴别

作为一个集邮者，要想在集邮活动中少上当受骗，就必须具有鉴别邮票的常识。

1.纯粹的假邮票：鉴别邮票的仿制品，要查阅一些具有权威性的邮票图鉴和集邮工具书。经查对，凡是邮票图签上没载入的，或同邮票图鉴所介绍的内容有出入的，一定要提高警惕，也可请有经验的专家鉴别。

2.假无齿孔票和假齿孔票：伪造者有时还用真邮票作假。他们常视市场变化，伪造假邮戳或设法洗去邮戳，以及伪造假无齿孔邮票或在无齿孔邮票上打上齿孔。但这些伪造只要通过放大镜均能一一识别。

3.假加盖章：伪造假加盖票所用邮票往往是真的，极易使人受骗。

但只要与真加盖票相对比，很易识别出来。

4. 假实寄封：早期的实寄封，尤其是贴有对剖票的实寄封，十分珍贵，于是便有伪品出现。区别方法主要是通过真品与伪品相对照来加以区别的。

5. 假刷色票：有用化学药剂改变出票的刷色，使某种颜色褪掉或变色，伪造"变体票"。凡遇"漏印的变体票"，一定要格外小心。

6. "花纸头"：其外貌似邮票，但是无价证券，不能作邮资贴用。鉴别"花纸头"的方法在于首先从纸质、印版、齿孔、背胶、盖戳等方面识别；其次注意国家（或地区）名称，有些"花纸头"是邮商以阿拉伯酋长国的名义印制的，而从 1972 年 8 月 1 日起，七个酋长国联合发行邮票，缩写为 UAE，但仍有邮商用各位酋长的名义发行"花纸头"应注意识别。

11. 邮票的收集

集邮的目的是增长知识、陶冶情操。这一目的明确了，那么收集邮票时，须先根据自己的经济条件、个人爱好，制定出收集邮票的内容和方法。现今世界上已有 30 多万种邮票，全部收集到是很难办到的，因此集邮爱好者在一开始收集邮票时，就应实事求是，量力而行，最好遵循"先里后外""由近及远"的八字方针。

"先里后外"主要指先从收集本国邮票开始，然后按集邮主题的需要，扩大收集外国邮票。本国邮票一好收集，二好熟悉，三好研究。

"由近及远"主要指先着手收集近期发行的邮票，收齐后，再按实情，个断向远期发行的邮票扩展。现今刚开始集邮的爱好者，应先着手收集近期发行的"J""T"字头票，继而收集编号邮票、"文"字头邮票等，再着手收集较远期发行的邮票，但一定要量力而行。

收集邮票的方法大致有三种：一是寻找，指从旧信封或其他邮件上收集自己所需邮票，如果能找到旧的或年代较久远的信封时，最好连同信封一起保存，再经多方面考查一下这枚信封连同邮票的实用价值。因为一枚有价值的实寄封是难得的。二是购买，集邮单靠找邮票很难取得突出效果，所以需买一些十分必要的邮票。三是交换，收集邮票时，常可收集到数枚同种邮票，有人称之为"复品"。从"复品"中选出最好的一张保存，其他邮票均可与其他集邮爱好者交换，互通有无，这是集邮的重要途径和手段。

12. 邮票的整理

收集到邮票一定要整理。如果自己已确定了收集范围，比如文学艺术、科学技术、动物、植物等，那就要分门别类及时整理。分类整理邮票的同时，也是熟悉邮票内容的过程，这对搞好专题集邮或主题集邮大有帮助。

13. 邮票的保存

收集来的邮票最好不要夹在书里，因为一是不利于欣赏和拿取，二是容易损伤和沾污。保存最理想的地方是邮票册或护邮卡片（也称护邮袋）。邮票册一般分三种：一种是插册，再一种是贴册，第三种是装订成册带有邮票目录的贴册。

刚收到的邮票可暂存在插册里，以备分类整理。插册易动，易伤齿孔，易吸湿，因此邮票不可在内久留。

已经整理分类的邮票，最好放进贴册里。活页的贴册既便于集邮者随时整编，又利于长期保存。如果确立了一个专题，可将有关的邮票编排在贴册里。并写上简明的文字说明，就成了一部专题邮集。同时，专集的内容可随自己收集的邮品的增加，不断充实提高。

邮票目录贴册由于有目录提示，邮票的格局已固定，并印着有关邮票的文字资料，集邮者可将自己收集到的邮票对号入座，可使邮票一目了然。美中不足是格局固定，不利于集邮者的创造性，显得呆板，不生动。

护邮卡片即人们常说的护邮袋，是用来暂放"复品"，用于交换时防止损坏邮票的袋子。

14. 邮票的防护

在保存邮票时，除注意给邮票选择理想的存放处外，还应注意：一定要用集邮专用镊子拿取邮票，手不可直接接触；有背胶的邮票不要相互重叠一起，最好在两票间加一张白衬纸，以防粘在一起；邮票要置于干燥、通风、阴凉的地方；要防止其他物质和气体的侵蚀。

邮票一旦出现沾污、皱折时，可采取下列科学方法处理。

去污点：如果邮票上沾有油污，可将邮票置于玻璃板上，用一点棉花，蘸上溶剂汽油轻轻擦洗票面脏的地方。待汽油挥发后，再蘸点肥皂液，轻轻在沾污的地方擦一下，再放进温水中洗去皂液，待洗净后，放在吸水性好的白纸上，晾干后压平整即可。

除皱折：只要不是死折，就可用弄潮湿的白纸和洁白布，捂压在邮票上，待皱折舒展后，再放进白纸本中压平整。如果是有背胶的新票，在进行上述方法前，先在票背上衬一张比邮票大的新香烟锡箔纸，这样既可保护背胶，又可防止背胶与纸本粘连。

另外，往邮册里存放邮票，一定要选天气晴朗、空气干燥时进行，邮票本身在存入邮册前也应是干燥的，以防霉变。南方较潮湿，最好在雨季前干燥的好天气，将邮册晾一晾。晾时将邮票册竖起，使里面的邮票册页成半圆形散开，让干燥气流驱除册里潮气，约 20min 后，即可将邮票册装入塑料袋中保存，切忌日光直射，免得邮票褪色。

15. 邮票种类

邮票种类一般包括普通邮票、纪念邮票、特种邮票、航空邮票、欠资邮票、包裹邮票、快信邮票、附捐邮票、公事邮票、新闻纸邮票、军用邮票、挂号邮票、样本邮票等。

此外，还有以下几种邮票，但现在已很少有发行的：国内邮件邮票、国外邮件邮票、亲启投递邮票、印花税票兼邮票、快递包裹邮票、印刷品邮票、保价信邮票等。

中国人民邮政发行的邮票种类有普通邮票、纪念邮票、特种邮票、航空邮票和欠资邮票。航空邮票和欠资邮票自 1958 年以后已不再发行。纪念邮票和特种邮票的票面上都列有志号，这是我国独有的。设计邮票志号的目的是便于邮政部门管理邮票，也便于集邮者收集邮票。邮票志号的编列情况如下：1949 年 10 月至 1967 年 3 月的志号是纪念邮票以"纪"字开头，特种邮票以"特"字开头。以《中日青年友好大联欢》纪念邮票第一枚为例，这枚邮票在下角印有"纪 114 5-1"，右下角印有"（362）1965"。"纪 114"表示是中国人民邮政发行的第 114 套纪念邮票；"5-1"前面的 5，表示这套邮票共发行五枚，后面一个 1 字表示这枚邮票是第一枚。右下角的"（362）"表示纪念邮票的总顺序号；"1965"表示发行的年份。特种邮票也是这样编列的。1967 年 4 月至 1970 年 6 月发行的邮票没有编号。1970 年 7 月至 1973 年底，纪念邮票和特种邮票合并在一起，采用连续编号，按枚计算，编号从 1 到 95。1974 年开始，纪念邮票改用"J"字开头（"J"

是"纪"字的汉语拼音字头），特种邮票改用"T"字开头（"T"字是"特"字的汉语拼音字头）。除不再印有总顺序号外，其余与 *1949年 10 月至 1967 年 3 月* 的编号方法相同。

16. 普通邮票

普通邮票是供日常寄递各类邮件贴用的邮票。票幅面积一般较小，图案较单调。为适应各类邮件资费的需要，面值由低到高种类较多。这种邮票发行数量大，销售时间一般不加限制，往往一个图案要经过再版或多次重印。因此，收集时要注意其版式及发行日期。

17. 纪念邮票

纪念邮票是为纪念某一重大事件或重要人物而发行的邮票。票幅面积一般较大，图案多以所纪念的事件或人物为主题。多数标印有与主题有关的名称和年份等文字。纪念邮票发行数量较少，并规定发售期限。售完后不再重印。*1893 年*，美国为纪念最先发现美洲新大陆的航海家哥伦布，发行了十六枚邮票，图案描绘了哥伦布一生的航海生活，是世界上第一套纪念邮票。我国第一套纪念邮票是 *1894 年*（清光绪二十年）发行的慈禧太后六十寿辰纪念邮票。全套九枚，图案为蟠龙、双龙、鲤鱼、帆船和"寿"字等。

18. 特种邮票

特种邮票是为了宣传介绍某些有重要意义的事物而特别发行的邮票。它的票幅、面值、发行数量、发售期限等和纪念邮票相同。

19. 航空邮票

航空邮票是专供寄递航空邮件贴用的邮票。最初大多用飞机为图案，近年来也有采用人像、体育等题材为图案，不过一般都在票面上印有"航空邮票"或"航空邮政"字样。世界上第一枚航空邮票是意大利于 1917 年首先发行的。我国第一套航空邮票是在 1921 年发行的，全套五枚，图案为一双翼飞机飞行于长城上空，飞机垂直尾翼上有当时"北洋政府"的"五色"旗。

20. 欠资邮票

欠资邮票是供邮局使用，专在一些未贴邮票或虽贴邮票但未纳足邮资的邮件上贴用。这种邮票，邮局一般不对外出售，但集邮者可向邮票公司或邮局集邮窗口购买其新票。世界上最早的欠资邮票是前荷属东印度（现在的印度尼西亚）于 1845 年发行。我国也于 1904 年发行第一套欠资邮票，共八枚。

21. 包裹邮票

包裹邮票是专供寄递包裹邮件贴用的邮票，1879 年比利时首先发行。我国在 1944 年也曾发行，称为"包裹印纸"。这种邮票是邮局在收寄包裹时贴用，并不预售。近年来，发行这种邮票已日见减少。

22. 快信邮票

　　快信邮票是专供寄递快信贴用的邮票。1885 年英国最早发行快信邮票。1905 年我国发行的"加紧信件"票，是我国的第一枚快信邮票。此票设计独创一格，全票由齿孔分隔成四个部分组成一个整体，从右到左分别为发信收单、邮资凭证、收信凭单和存根联。图案为一条游龙，上端有英文"大清帝国邮政"，两旁列"大清邮政""加紧信件"，面值一角，各联都印有统一的编号。

23. 附捐邮票

　　附捐邮票也称慈善邮票，是一种附加费邮票。最初发行这种邮票的目的是捐款救济灾民，所以称为"慈善邮票"。以后捐款的用途日益扩大了，如用于疾病防治、儿童保健等，所以改称为"附捐邮票"。邮票上除印邮资金额外，并附加若干金额作为捐款。附加的金额由邮局转送给相关机构使用。世界上最早的附捐邮票，是 1897 年原英国在大洋洲的殖民地新南威尔士（今属澳大利亚）发行的。以后有不少国家也相继发行附捐邮票。发行附捐邮票最多的国家是瑞士，该国从 1913 年开始，基本上每年都发行附捐邮票。新西兰从 1929 年开始，每年在第四季度都发行一次儿童保健的附捐邮票。法国、比利时、芬兰等国家也经常发行。我国第一次发行附捐邮票是 1920 年，当时黄河决口，大片土地被淹，灾民无家可归，发行的附捐邮票是将北京一版帆船图普通邮票加印"附收赈捐"字样和金额。

24.公事邮票

公事邮票是专供政府机关寄递公文贴用的邮票。世界上最早的公事邮票是 *1854* 年西班牙发行的。

25.新闻纸邮票

新闻纸邮票是专供寄递报纸贴用的邮票。世界上最早的新闻纸邮票是 *1851* 年奥地利发行的。

26.军用邮票

军用邮票是专供现役军人寄递邮件贴用的邮票。世界上最早的军用邮票是 *1898* 年土耳其发行的八角形邮票。

27.挂号邮票

挂号邮票是为防止丢失信件，由邮局付给收据并可据以查询挂号信件而贴用的邮票。有人认为，世界上最早的挂号邮票是 *1888* 年巴拿马发行的。有些国家发行的挂号邮票，还在邮票上印有挂号号码。

28. 样本邮票

样本邮票也称"票样"，是国家邮政机构将发行的新邮票票样分发给所属邮局，或通过万国邮政联盟分发给通邮各国，以供辨认。这种票样都在票面上加印或用打孔凿成"票样"字样。

29. 副票

副票是指附在邮票旁边的纸片，它印有与邮票内容有关的图案或文字。纸片大小一般与邮票相同，有齿孔邮票带的副票也打有齿孔，从外形看很像邮票，但它不印国家或地区名称，也无面值，所以不是邮资凭证，不能作为邮票使用。副票的位置没有统一规定，有的是一枚邮票带一枚副票。有的是一套邮票带一枚副票，有的把副票排列在邮票的左旁或右旁形成横连，有的把副票排列在邮票的下面形成直连。我国发行的《童话——"咕咚"》邮票，全套四枚，右旁并带一枚副票，副票上印有图形和文字说明童话的内容，形成横五连。也有些国家利用副票刊登商业广告以此增加国库收入，如英国、意大利等。

30. 小全张

发行纪念邮票或特种邮票时，将全套邮票印在一张纸上，邮票周围常印有美术图案或有关的文字，称为"小全张"。世界上最早的小全张，是 1906 年卢森堡发行的。现在很多国家都发行小全张，但一般只是在发行某些有特殊意义的邮票时，才同时发行小全张。

31. 小型张

发行纪念邮票或特种邮票时，取材于全套邮票中的一枚，或与邮票题材有关的其他图案，或把每枚邮票印成小单张，这些都称为"小型张"。例如，我国 1962 年发行的《梅兰芳舞台艺术》小型张。世界上最早的小型张是 1923 年卢森堡发行的。

近年来，出现一种形似小型张，但没有印面值，不是邮资凭证，而是集邮的纪念品，集邮者称它为"纪念张"。例如：1980 年 10 月，中华人民共和国邮票展览在意大利米兰开幕时，就印刷过石狮为图案的纪念张，并印有中文和意大利文标题；1981 年 5 月，中华人民共和国邮票展览在日本东京举行，也印刷过以中日两国女孩握手为图案的纪念张；1982 年 10 月，中国解放区邮票展览在香港举行，也印刷过以"赣西南赤色邮政"样票为图案的纪念张。因为这种纪念张不是邮票凭证，所以邮局没有出售。只供展览会馈赠用，或在展览场所出售，作为纪念品。

32. 小本票

小本票是指将若干枚邮票装订成一个小本，用印有图案的硬纸卡作封面。由于面积小，携带、保存都十分方便，很受人们欢迎。小本票是 1895 年卢森堡首先发行的，以后很多国家也相继仿行。

33. 联合国邮票

邮票本是由国家或其管辖地区的邮政机构发行的。1951 年，世界上首次出现由国际组织发行的邮票——联合国邮票。

联合国于 *1945* 年成立以后，这个国际组织寄发的邮件，须贴用联合国所在地美国发行的邮票。*1947* 年 *11* 月 *20* 日联合国大会向秘书长建议成立联合国邮政机构。*1950* 年 *11* 月 *16* 日联合国大会决议成立联合国邮政处。

1951 年，联合国与美国签订了邮政协定。根据这项协定，联合国于同年 *10* 月 *24* 日开始发行以美元为面值的联合国邮票。不久，万国邮政联盟大会通过决议，承认联合国邮票的地位。过去被视为国家主权象征的邮票发行权，首次赋予一个国际组织。

1968 年，联合国与瑞士政府签订协定，发行以瑞士法郎为面值的联合国邮票。

1979 年，联合国又与奥地利政府签订协定，发行以奥地利先令为面值的联合国邮票。

联合国发行的邮票有普通邮票、纪念邮票、航空邮票和小全张等。邮票图案是宣传和反映联合国活动有关的事情，如空中安全、和平共处、和平利用外层空间、国际儿童年、国际残疾人年等。联合国邮票限于在美国纽约的联合国总部、瑞士的日内瓦办事处和奥地利的维也纳办事处所设联合国邮局使用。

联合国邮票，有些印有中、英、法、俄和西班牙五种文字，也有只印一种文字的。其面值有美元、瑞士法郎和奥地利先令三种。

联合国总部发行的邮票印有 "UNITED NATIONS"。面值数目字后有一字母 "c"（美元 "分" 的简写）。

联合国日内瓦办事处发行的邮票印有 "NATIONS UNIES"，面值数目字前列 "F.S"（是瑞士法郎的简写）。

联合国维也纳办事处发行的邮票印有 "VEREINTE NATIONEN"，面值数目字前有一字母 "s"（是奥地利先令的简写）。

34. 邮票中的邮票

最近几十年来，不少国家为纪念首次发行邮票，或为有关邮票的活动而发行的邮票，均采用以前发行的邮票作为图案。这种邮票集邮者称为"邮票中的邮票"，也称"票中票"。

1940 年，墨西哥发行一套纪念《世界第一枚邮票发行一百年》邮票，图案是采用世界第一枚邮票——英国维多利亚女皇像一便士黑色邮票。这是最早出现以邮票为图案的邮票。

1948 年 3 月 20 日，当时的邮政总局在南京举行邮票展览，发行《邮政纪念日邮票展览》邮票一枚，票面右为孙中山像的光复纪念邮票，左为邮政总局成立五十周年纪念邮票。面值五千元，红色，分有齿和无齿两种。这是中国首次发行以邮票为图案的邮票。

墨西哥发行"票中票"后，世界上已有近百个国家和地区发行了将近 400 枚的"票中票"。

1947 年，圣马力诺和利比亚都发行纪念美国发行邮票一百年的邮票。圣马力诺发行的邮票，有一枚是以美国 1847 年发行的富兰克林像邮票作为主要图案。利比亚以美国 1847 年发行的富兰克林像和华盛顿像两枚邮票为主要图案。

1949 年，匈牙利发行《匈牙利苏维埃共和国成立三十周年》邮票，图案是采用 1919 年匈牙利苏维埃共和国发行的邮票，也是世界上最早的苏维埃邮票。

1959 年，匈牙利又发行《邮票节和全国集邮展览会》邮票，并带副票。邮票图案是一个牧羊人手拿信函，副票上印有四枚邮票，其中三枚图案是采用 1919 年匈牙利苏维埃共和国发行的邮票。

1952 年，巴基斯坦发行《印度第一枚邮票发行一百年》邮票，图案是采用 1852 年印度首次发行的邮票。

瑞士、巴西、奥地利、芬兰、秘鲁、锡兰等国，都发行过为纪念本国第一枚邮票发行一百年的邮票，图案都是采用本国首次发行的邮票。

1970 年，英国发行《集邮一百三十年》邮票，图案是采用英国发行的世界上第一枚邮票。

1976 年，尼加拉瓜发行两枚邮票，图案是采用英属毛里求斯"邮局"邮票。

1979 年是邮票创始人罗兰·希尔逝世一百周年，许多国家发行纪念罗兰·希尔的邮票。有些邮票的图案是采用以前发行的邮票，如西印度洋群岛的巴巴多斯和南太平洋的萨摩亚群岛，均采用世界上第一枚邮票——英国一便士黑色邮票为图案；圭亚那则采用 1856 年发行的世界上最珍贵的圭亚那帆船图一分邮票为图案。

1980 年 5 月 6 日至 14 日，英国伦敦举办国际邮票展览，有些国家为此次邮展发行了邮票，其中有"票中票"。例如：匈牙利发行一枚邮票，图案是采用英国发行的世界上第一枚邮票；新加坡发行四枚邮票，图案是采用 1867 年、1906 年、1948 年、1969 年用于这个岛国的邮票。

35. 加盖邮票

我们时常看到有些邮票，在票面上加印一些文字、图案或数目字。这种邮票通称为"加盖邮票"，也称"加印邮票"。

发行加盖邮票的原因很多，归纳起来，主要有以下几种情况。

因发行国的政体改变而加盖：这种情况在邮票上常可见到。例如，1910 年葡萄牙成立共和国，邮票都加印"REPUBLICA"（共和国）字样使用。我国辛亥革命后，1912 年 2 月 12 日清朝皇帝被迫退位，于是将清代蟠龙图邮票加印"中华民国"字样使用。我国解放战争时期，已经解放的地区，邮票都加印"人民邮政"或"人民币"等字样使用。例如：1949 年，华东解放区将解放前邮票加印"华东区"和人民币面值使用；1950 年，中国人民邮政将解放前邮票加印"中国人民邮政"和人民币面值使用。

因改变用途而加盖。例如：1945 年 4 月，我国苏中区抗日根据地实行邮件收费制度后，将邮票加印"改作四角"字样，专供寄递机要文件使用；捷克斯洛伐克将邮票加印"O.T."字样，作为商业印刷品邮票使用。

因币制改变而加盖。例如，解放前因通货膨胀，货币贬值，中华邮政将法币面值邮票加印"金圆"字样，并改为金圆面值使用。

因限制使用地区而加盖。例如：1911 年，清代将邮票加印汉、英、藏三种文字的藏币面值，专供在西藏使用；解放前中华邮政将邮票加印"限滇省贴用"（"滇"即云南）、"限新省贴用"（"新"即新疆）、"限吉黑贴用"（"吉黑"即吉林、黑龙江）等。

因改变邮票面值而加盖。邮政部门由于一时缺少某种面值的邮票，或因某种面值的邮票不再适用，往往将邮票加印新的面值发行。这种情况，在加盖邮票中最常见。

因使用于国外设立的邮局而加盖。这是指一个国家利用特权在另一个国家领土上设立邮局，将其本国或属地发行的邮票加印文字后使用。例如，外国在我国的所谓"客邮"邮票等。

36. 新票和旧票

收集邮票，有些人喜爱收集新票，有些人喜爱收集旧票。

新票，是指没有使用过和没有盖过邮戳的邮票，或者说是处于初发行时那种状态的邮票。

旧票有两种：一种是邮票公司（邮局）将新票盖销邮戳后以低于新票的价格出售给集邮者，这种邮票称为"盖销票"；另一种是贴在邮件上经邮局盖过邮戳的邮票，这种邮票称为"信销票"，也称"实销票"。许多人喜欢邮票上的邮戳盖得少一些，也就是邮戳只盖在邮票上的一小角，认为这样的邮票，票面清晰美观，和新票差不多，虽盖上邮戳，也不影响邮票图案的欣赏；也有些人特别注重邮戳的完整性，喜欢整个邮戳盖在邮票中间，能够清楚地看出邮戳的地名和日期，认为这样才便于对邮政史的研究。邮戳是盖在邮票的一小角好，还是完整地盖在邮票中间好，可以因个人收集的目的不同而异。

37. 对剖邮票

世界邮票发行史上曾多次出现过这样的事：邮局由于某种小面值的邮票供不应求，不得不采取应急措施，把小面值邮票对剖剪开，各以半价使用，这种邮票称为"对剖邮票"。

最早使用对剖邮票的是英国，1841 年曾将二便士蓝色邮票对剖剪成两片，每片作一便士使用。1848 年又将十先令邮票对剖作五先令使用。乌拉圭、阿根廷、比利时等国也曾使用过对剖邮票。

1903 年 10 月 22 日至 24 日，清朝福州邮局因一分邮票售缺。将清代蟠龙图二分邮票斜角对剖为两片，每片作一分使用。

1904 年 8 月 2 日至 4 日，重庆邮局曾将清代蟠龙图二分邮票斜角对剖，每片作一分使用。1905 年，四川夔府邮局也曾将清代蟠龙图四分邮票斜角对剖，每片作二分使用。但都只差日戳，没有刻专用戳。

使用对剖票，必须在邮局购买后当面贴在信封上。由邮局工作人员盖上邮戳。

集邮者收集对剖票，最好是保存实寄封，或者把邮票连同邮戳剪下来保存。

38. 变体邮票

变体邮票是指邮票印刷时，技术上的错误而造成有缺陷的邮票。主要有以下几种：

倒印：双色套印的邮票，印刷时把中心的图案或文字印倒了。

漏齿：有齿孔邮票，发生一边漏打齿孔，或者全部漏打齿孔。中国、美国、瑞典等国发行的小本票，有些是两边有齿，刀切的两边是无齿的，这不算是漏齿。

漏印：在特殊情况下，在邮票上加印文字或改变面值，大都是因为印刷时发生加印的文字、图案、数目字有部分漏印。

重盖、倒盖：邮票上加印文字、图案、数目字时发生重印，出现两次印刷的痕迹，或者把加印的文字、图案、数目字印倒了。

在国外，有些邮商利用人们"物以稀为贵"的心理，千方百计搜罗变体邮票，作为罕见珍品，以高价出售。1937年，希腊将面值50雷普塔邮票加印红"十"字符号和文字，印刷时有一张把加印的文字印倒了，邮局没有发觉已经售出。为了防止邮商投机，又有意地加印了一批同样倒印的邮票，立即发往各地邮局出售，使投机者无机可乘。

第三章

学生烟标收藏活动指导

1. 烟标分类

　　烟标的种类很多，有散标、套标，也有特制或具有纪念意义的专用烟标等种类。由日本烟草专卖会社十年前生产的"七星"牌成套烟标，一套就有两千多枚。该厂 *1984* 年生产的"七星"牌短支烟标，一套有 *69* 枚。我国烟标一般是十枚一套，如四川省中江烟厂生产的"世界名画"烟标，贵定烟厂的"甲天下"等。散标、特别烟标也是一个品种繁多的"望族"。例如，日本一些烟厂为特定纪念日生产的香烟，只销售一天。又如，德国"STUYESANT"牌香烟，是世界上少见的"家族式"系列烟标。有的烟标还富有纪念意义。例如，纪念武汉市和日本大阪市结为友好城市的"中日友好"牌，四川卷烟厂的"熊猫"牌，贵阳烟厂为纪念亚运会生产的"亚运"牌香烟，等等。此外，各种民航、长航旅游等成套烟标纷纷问世，也为收藏者提供了一个广阔的收藏天地。

2. 散标类烟标

　　散标，顾名思义就是与其他烟标不同名并独自成篇的烟标。它是烟标诸多品种中的大户，最多、最常见的烟标即非此君莫属。散标并不寂寞，它已形成一个大家族，包括大路标、下马标、绝版标、打样标、纪念标（另章详述）、"文革"标、中烟标和国外散标这八类烟标。

　　"大路标"即大路货，市面上或集友中流行的、人人都有的常见烟标，如"大江""南京""云烟"等烟标。

　　"下马标"，即由下马厂所生产而流传的烟标。例如，贵州省黔东南州卷烟厂的"合作"版烟标，产于 *20* 世纪 *60* 年代末，由于该厂已关闭，此标因此而走俏。

"绝版标"（停产标），即烟厂虽在，但已不再生产、制版件已毁的某种牌名的烟标。例如，"金钟"（直平三无标）牌烟标，1968 年出品，标上印有"抓革命，促生产"字样。

"打样标"，即烟标设计人员设计的烟标样品，印刷出来即称"打样标"。此标一般印制得很少，多在 1 至 100 枚左右，甚或只打样且至 5 枚。所以，打样标可算是烟标中最难收集的一种了。但有一点值得注意，打样标如通过并正式被启用而大量印制，虽在收藏之列，但并不显得特别珍贵。真正值得收藏的珍稀品是那种经打样后，烟厂没有采用而作废的那种样标，才叫真正的打样标。

"文革"标与中烟标，即"文革"期间生产并打上"文革"烙印的烟标称"文革"标，产地只注明中国烟草公司，而没有具体厂名的烟标，简称"中烟标"。这两种烟标均产于 20 世纪 60 年代末或 20 世纪 70 年代末以前，一般有数十年历史。

"国外散标"，即五大洲各国及地区的不成套或系列的烟标总称。其品种相当可观，总数不下 10 万种。

此外，还有清末或民国标，称为"珍稀标"。这些标也多属散标，一般品种和数量均有限，收藏者均集中珍藏，不打散归入一般的专题系列中，属"珍稀标"。

散标的题材广泛，可将不同烟厂出品的散标按祖国各地、人物历史、飞禽走兽等相同的内容，分别集成专题，则无疑可以增长知识、陶冶情操。

3. 套标类烟标

套标即成套的烟标，是由每张不同画面的烟标组合成同一主题的烟标。常见的是 10 包或 5 包一套，也有 4 包或 12 包不等的成套烟标。切记套标不得少于 3 包，否则将打入另册。其特点是同期开机印刷，制式、纸质、名称相同。套标的知识性、趣味性、观赏性强，数量有限，较难配齐成套，因此日益被广大收藏者偏爱。套标一般用"标数 ×标名"来表示，如"金陵"4×1、"天下秀"10×1，或"金陵12钗"12×1。套标因其印制的精美、内容的丰富而在烟标中崛起为一支独立的大军，可单独集藏成册，这已构成广大集友的共识，但也有人按其内容将它并入相应的散标专题内，壮大专题的内蕴力，这也未尝不可。仁者见仁，智者见智，笔者在这里为行文的方便，将其作为单独的篇章来写。

套标按内容可分为人物故事类、山川名胜类、动植物类、地名类等，如：

人物故事类套标："红楼梦"10×1，"金陵12钗"12×I，"醉八仙"10×1，"西游记"5×1，"五朵金花"5×1，"水浒"5×1；

山川名胜类套标："楚天游"10×1，"三峡游"5×1，"五台山"10×1，"西湖"10×1，"名胜"5×1，"锦绣山河"4×1；

动植物类套标："六骏"6×1，"五牛"5×1，"虎"5×1，"神仙鱼"4×1，"红杉树"4×1，"灵芝"3×1；

地名类套标："长安"10×1，"宋城"10×1，"冰城"（听标）5×1，"花城"5×1，"金陵"4×1，"桂林"4×1。按版式可分为摄影、绘画、金石、书法版等，如：

摄影版套标："太阳岛"5×1，"黄山"4×1，"甲天下"3×1；

绘画版套标："名画"5×1（油画），"羊城"6×1（水粉画），"画苑"10×1（国画）；

金石书法版套标："黑、绿、美、雪"4×1书法套标，系富锦烟厂出品。

好城市的"中日友好"牌，四川卷烟厂的"熊猫"等。

4. 色标类烟标

色标即套色不同的烟标，其版式、画面一样，颜色各异。色标限套标一样也是由 *3* 至 *10* 枚烟标组成一个色标系列的，故也有人将其误划成套标行列，但其与套标有着本质的不同，这是因为套标是由不同画面的系列来反映同一主题的烟标，而色标虽然由数枚烟标组成，但画面完全一致，仅有颜色差别，故应单列为色标类。为区别起见，色标一般用"*1*（标名）× 多少枚"的形式来表示，如"大亨"*1×5*、"西湖"*1×10* 等。

5. 系列标类烟标

系列标，即标名相同，版式、图案、出厂日期各异，时间跨度大，相延成系列的烟标。简言之，系列标不是横向同时出品的，而是纵向生产的烟标。系列标其实就是一部烟标生产和发展的历史。从每张不同版式和图案的系列标中，既可看到印刷技术、装潢设计水平的日趋提高，同时能折射一个时代的政治、经济、文化于一斑。

系列标发展至今，已成为一个庞大的体系，至少已有近千个系列了，一个系列标多则 *20* 种，少则四五种，足够人们好好玩味一番。例如，蚌埠卷烟厂生产的"东海"牌香烟，至今已有 *15* 种以上之多，制式各一，不仅有"直平"，还有"横嘴"，且图案繁多，既有军舰、帆船、轮船图案，也有雕塑造型，令人眼花缭乱。又如，芜湖卷烟厂出品的"迎客松"牌烟标，也有 *10* 种以上。

6. 对标类烟标

对标即相对成趣的烟标。作为收藏与欣赏的需要，我们对许多烟厂基于图案设计与牌名的考虑，推出的"对标"（也称"姐妹标"）不可忽视。当阳卷烟厂的烟标名称中早有"月圆"标，后来又增设了另一枚"花好"标。但当时的设计尚缺图案上的连贯性。最近推出的"花好"与"月圆"烟标在设计风格、图案配色上均带有一致性，给这对烟标正好配成对子。若设计者再在这个题材上发挥一下，推出一对"百年""好合"烟标，就可成为完整的婚趣系列标了。

由此，我们不难想到以前烟标中曾出现过"勤俭"与"节约"、"步步高"与"层层高"等烟标，不过这一类标缺乏图案设计风格的一致性，仅是牌名上带有承上启下的意思，但也不妨拾掇成册。此外，贵阳烟草工业公司出过的"山歌"牌香烟，也属对标范畴。此烟标一枚图案为牧童骑在牛背上悠然自得，另一枚是牧羊女坐在山坡草地上，手捧歌本唱山歌，牧童与牧羊女恰成一对，相映成趣。

第四章

学生火花收藏活动指导

1. 火花的分类

火花的种类很多。大致可以按以下方法分类。当然，也可以综合以下的方法或创造出自己的分类方法来进行分类。

（1）按材质分类：火花按材质不同可以分成贴标、卡标、卷标三种。其中卡标又可以分为纸卡和塑卡。纸卡又可以细分为（用马粪纸印制的）土卡、（用一般白卡纸印制的）普卡及（用高档塑光卡纸印制的）玻卡（也有称玻璃卡的）。卷标的形状有点儿像卡标，所不同的是，卷标的图案和用色都比较简单，纸质常见的是普通薄型书写纸。卷标一般贴在长方体的火柴盒上。有一种圆筒形火柴盒也粘贴卷标，只是这种卷标比一般卷标要大一些，形状近似正方形，且纸质也较好。民间的火花资料中用大写的拼音字母 T 表示贴标，K 表示卡标，BK 表示玻卡，J 表示卷标。

（2）按专题分类：火花的专题除一般的古今名人、中外建筑、飞禽走兽、奇花异葩、名胜古迹外，还有广告火花、专用火花、异型火花等。收藏者可以根据火花的画面分成各种专题。在有些卡标中，正反面的图案截然不同，比如一面印某种广告，另一面印舞蹈造型，遇到这种情况，收藏者可以灵活处理，也可以依主要展示面的图案为主。

（3）按年代分类：根据我国的国情，火花界一般把火花分为早期（从 1877 年到 1911 年）、中期（也有称近代的，从 1911 年到 1949 年）、近期（也有称现代的，指新中国火花）。其中，新中国火花中又可以把 1966 年至 1976 年作为一个特殊的历史时期，在这之前和之后又各成阶段。要确定早期火花的年代比较困难，初集者可以向收藏家请教或求助于有关资料。1982 年起，不少火柴盒贴上都印上了年代和枚数。按年代收集的火花册就像一部"火花年鉴"，挺有意思的。

（4）按生产厂分类：这种分类法用得不多，一般只在编写目录时才用。编排时，在厂名下的火花仍以出品先后为序。

2. 火柴的种类

人们在收集火花的同时，往往会不由自主地关心起火柴来，甚至收集起各种火柴实物来。有些较大规模的火花展览中，也常常会展出一些实物火柴。其实，火柴的种类也是很多的，大致可以从以下几方面区分。

（1）梗子的区别：火柴梗有木梗、纸梗、蜡梗之分，还有长短之别，短的不足一寸，长的就像筷子。

（2）药头颜色的区别：除常见的黑头火柴外，还有红、黄、橙、绿、白、蓝、紫等色。

（3）药性的区别：除常用的含硫安全火柴外，还有无硫火柴、芳香火柴、防风火柴、防潮火柴、信号火柴、焊接火柴等。

3. 火花的收集

收集是一项需要耐心和细心的活动。火柴各地都有，只要你平时稍加留意，一盒一盒地积起来，日积月累就会越来越多。如果想取下盒贴，只要把火柴盒放在清水中浸泡 15 min 左右，待火花慢慢浮起时，就可以用手轻轻揭下，另用清水清洗背面胶水，把火花正面贴在干净的玻璃上，待大半干时再夹进书本吸尽水分，压平后再取出收藏。如果是卡标，只要在接合处用清水浸泡一会儿，刮去胶水，自然阴干压平就行。如果要去掉磷面，可以将火柴盒放在温水中浸泡 15 min 左右，再用温棉花抹少量肥皂轻轻抹擦，不能急躁。待洗净后，用毛巾吸去水分再阴干压平即可。对于一些精致的卡标或磷面未擦划过的卡标不妨保留磷面，以免洗不好而损伤了画面。

此外，可以请出差的熟人顺便捎带一些外地的火柴盒回来。也可以直接与火柴厂联系或向一些火花代销点函购。目前，北京、上海、天津、成都等地都有专门的火花代销点。

另一种有效的办法就是交流。如果你能买到火花，不妨每种多买几套，除自己留下一两套外，多余的可以拿去与别的爱好者交换。各人的火花来源不同，互相交换确实是一个丰富藏品的好办法。

有一点需要注意，就是在购买或交换时，最好要有个侧重。每个人的精力和财力都很有限，对于数以几万计的火花，几乎所有收藏者都难以把它集全，这就需要比较理智地加以选择，最好能确定一个或几个专题去收集，切莫贪多求全。

4. 火花的整理

每次得到新火花后都要及时整理，不然等火花一多再去整理就麻烦了。整理的第一步是编写藏品目录，一般目录可以由收集日期、厂名、火花名称、全套枚数、资料与备注等栏目组成。每页目录可以以一个厂为单位，在火花的排列上，应以收集时间先后为序。有了目录才能做到心中有数。

写完目录后，再把火花欣赏一遍，看看一套中是否有缺少，是否有残次品（套色不准也算次品）。如果没有什么问题就可以把贴标装入透明的护邮袋（邮票公司有售）里，再加上一张与火花大小相仿的小纸片。上面写上全套枚数，然后再用订书机封上口以免散落。一般情况下一套火花装一袋。卡标可以用一条小纸条扎一下，并在小纸条上注明全套枚数。接着就可以按类分放了。等积到一定数量就可以上贴片了。

火花一袋一袋放在盒子里只是过渡阶段，最终还得给火花找一个适合长期保存的方法。这里介绍几种。

（1）凡是贴标都可以放在集邮册内。这种方法取、放和调整火花都十分方便，美中不足是成本太高，一本集邮册放不了多少火花。另外，如果要拿去参加展览也不方便。

（2）用邮展标准贴片（邮票公司有售）来贴火花效果也不错。在上贴片之前，先把火花一枚一枚装进护邮袋，有条件的话，还可以封上口，然后试着在贴片上排一下，等排到自己满意了就可以用胶带纸把它固定在贴片上了。在排版的时候要多动脑筋，要使张张贴片都不重样，可以多设计一些图形，比如矩形、菱形、田字形、蝴蝶形、阶梯形等。总之要注意均衡和变化，一般最好一套火花贴一张贴片，如果一套火花枚数太少，可以再贴一套同一专题的火花，在空白的地方可以适当添加一些文字或有关这套火花的资料，文字要写得工整些，字句要精炼些。这样，一张贴片就算完成了。这种贴片的左边有打好的孔，可以用带子把同专题的贴片串成一册，为保护贴片，可以再用硬纸做个封面。有些爱好者干脆不用带子串，以免损坏贴片影响美观。这种活页式贴片最好单面贴火花，这样便于拿去展出。这种方法的缺点是，版面太小！大的卡标贴不了几枚。另外带有白边的火花贴在白贴片上效果也不是十分理想。

（3）大多数爱好者喜欢把火花贴在黑卡纸上。通常是用 250 g 以上的黑卡纸，规格以 8 开或 9 开为好。用黑卡纸衬托火花，效果很好。只是要书写文字比较麻烦，一般可以写在白纸上，然后再贴到黑卡纸上，只是这个步骤需要相当小心和细心，弄得不好就会前功尽弃。

贴的方法与上面说的一样，就不重复了。由于卡纸中间部位贴上了火花（尤其是卡标），当一定数量的卡纸叠在一起时，就会出现中间厚两边薄的现象，如果在每张卡纸的背面左右两边各贴上一条 1 cm 宽的卡纸，上述现象就不会再出现了。

第五章

学生古钱币收藏活动指导

1.古钱币分类概述

古钱币分类标准有许多不同的要求，一般而言，分类原则有三点：第一，是古钱币产生的年代地域；第二，是古钱币质地；第三，是古钱币的形状。目前，国内古钱币分类标准是按照古钱币产生的时间，从古到今划分的。按照以上说法，古钱币大约可以分成8类：贝币、布币、刀币、楚币、圜钱、方孔圆钱、铜元、纸币。

2.贝币

贝币一般称为"贝化"，简称"贝"。它是中国最原始的货币形式，其主要是由海贝壳打磨穿孔而成，在我国古代货币发展史上占有重要的地位。

贝的种类很多，大型的有虎斑宝贝、阿文经贝；小型的有货贝、拟枣贝等。最为常见的货币叫"齿贝"或"货贝"。除天然贝币外，当时还出现了一些石贝、骨贝、陶贝、蚌贝、铜贝等人工仿制的。例如：骨贝以兽骨刻制，较扁平，上下两端较锐，呈版状的枣核形；铜贝面呈凸起，有的模铸一道贝齿，底内凹，是我国最早的金属铸币。它们除作装饰品外，还被视为避邪品或护身物。在一定条件下，也能行使货币的职能。

东周以后，贝币已被金属币所取代，退出了流通领域。

3.布币

布币指在中国春秋战国时间，曾相继在黄河中游的三晋两周地区流行通用的一类铜质铸币。

布币大约始铸于西周晚期。其初期形态类似当时的古农具——铸（锄田除草用的铜铲。因"布"与"铸"是同声假借，故以"铸"代"布"）。进入春秋时期，布币发展成为仍保留有农具之"銎"痕迹的"空首布"。待至战国时期，布币形制才大为改观，后基本脱离早期布币所具有的农具特征。

布币的构成，主要有以下几个部分。

銎：原本指斧、矛、铸等器物的受柄部位。因布币系由农具演变而来，所以其称亦随之沿袭而用。

布首：简称"首"，指布币的上部。根据"首"部形状之不同，可将布币划成若干种类。

布身：指除布首之外的布币实体部分。布身又有"布面""布背"之分。而布面指布币铸有主要铭文符号的一面。

布肩：简称"肩"。指布币的布身与布首相连接，形同人之两肩的部位。

布腰：简称"腰"。指布币的布身之中部两侧部位，有狭腰之分。

布足：简称"足"。指布币之下部两端。因其形同人之裤管，故也称"裤足"。布足有"失足""方足""圆足"等之分。

布裆：又称"布跨"。指布币的两裤足互相交接处。

布币体上一般多铸有文字符号，随其所铸时代和地区而各具不同。

4. 原始布币

原始布币是中国最早的布钱，称"古布"或"大铲布"。其特征体大"銎"短，厚重粗糙，一般大、小、厚、薄及形状诸方面没有一定标准。但形体大者的铸造年代较早，通长 16.4 cm，足宽 9.5 cm；形体小的则为晚些，通长 $10.4 \sim 10.5$ cm，足宽 6.2 cm。

5. 空首布币

由原始布演变而成,又名"铲布"。是春秋时期由黄河流域的周、晋、郑、卫诸国所铸的一类早期铲形货币。该币一般布面多铸有文字或数字、干支或天象、事物、城邑名,以及一些尚不能确定其意的文字符号。其形状、大小多数没有一定形制标准,但大致可分为布体近方形的平肩弧足、斜肩弧足和耸肩尖足三大类形,特点是足部内四是弧形,背有三道纹。平肩大型通长 10 cm,足距约 5.3 cm;小型通长 7.4 cm,足距 5.3 cm;垂肩最大的通常 8.6 cm,足距约 5.3 cm,最小的通长 7 cm,足距 3.9 cm。

6. 实首布币

又叫"平首布"。是指一种"銎"为实心而不空的铲形布币。它基本脱离了农具镈的原始形状,布首扁平,布身无直纹,钱面有地名和货币单位等钱文,如"釿""寽"等,钱背呈素面。

战国时期,赵国曾铸行一种圆肩足的"三孔布",又称"三窍布",是秦占领布钱地区而出现的铸币。主要特征是国首、圆裆,首部及两足各有一个圆形穿孔。分大小二等,大者背文"一两"、小者背文"十二株"(即半两)。"一两"大布通长 7.2 cm,最宽约 3.8 cm,重约 15.8 g;"十二铢"小布通长 5.2 cm,最宽约 2.7 cm,重 8.2 g。以"铢""两"标明币值是秦钱的特征,钱文模铸城名是三晋布钱的特征。这是我国最早期的一种过渡性铢两货币,是中国古代货币向圆形化发展的趋向。

7. 刀币

刀币也称"刀化（货）"，简称"刀"。是指春秋战国时期，在齐（今山东半岛）、燕、赵（今河北、山西两省）等地区铸造通行的一种刀形金属货币。它是由商周时期的工具——铜削逐渐演变而成，其柄端有环，柄身有裂沟。刀币的构成，主要有以下几个部分。

刀首：指刀币之最上端部位。一般来说，刀首尖锐者铸行时代较早。后逐渐向圆、平直变化。

刀刃：指刀币的刃部。因为刀币本自古时工具——铜削演变而来，故早期的刀币有刃口。至后期刀币刃口逐渐脱离原始性，刃口部位改添了外廓。

刀柄：指刀币的刀身与刀环之间细狭的抓握部位。

刀环：指刀币下端有圆孔的环形部位。在古时，刀环专为贯穿绳索之用。

脊线：指凸起于刀币表面之上的长线条纹。线多为两道，一般是由刀币环部通至刀身，但亦有仅处于刀柄部位的。

郭线："郭"也称"廓"。指铸于刀币之上，沿刀之外缘隆起的线条，目的是保护刀身之上所铸有的文字。

刀面：指刀币铸有主要铭文（一般多为地名）之面。通常是将刀币平置案上，使其刀首向前，刀环位后，刀刃口在左，刀背位右时向上的这面。

刀币按其形体大小和铸造地区，基本可分四种类型。

齐刀，俗称"大刀"。钱面有地名或古国名，如"墨""安阳"等。钱背有"建邦"字样，又叫"建邦刀"。其共同特征是体大厚重，刀身边缘隆起，弧部边缘在刀身与柄之间中断。

尖首刀，通称"有字刀"。是战国早期燕国境内少数民族地区铸造通行的货币，其特征是：刀背细长，刀身薄，栖细，环扁小。钱文在刀背，记干支或数目一字。

明刀，又称"燕刀"。面背都有文字，形制有两种，分"方折刀"和"圆折刀"。

直刀或圆首刀，又叫"纯首刀"，其刀体平直、短小、刀环扁薄。

8. 楚币

春秋战国时期的楚国货币自成体系，主要包括以下内容。

爰金，又称"印子金""金钣""钣"亦通"版"。

爰金呈扁平头，上钤排有方形或圆形阳文铭文印记，传说此种形态由上古龟甲的使用发展而来。传世楚国金钣有"郢爰""陈爰""专爰""颖""覃金"五种。

蚁鼻钱，一种铜铸贝币。特征上狭下宽，面凸起，上模铸读"各六株"字样的阴文，背平素，如磨平的贝壳，其最大的长 2.1 cm，最宽 1.3 cm，重 2.9～3.6 g 左右；最小的长 1.6 cm，最宽 0.9 cm，重 1 g 左右。

蚁鼻钱名称来由有两个：一是认为其上铭文中有的字形似蚂蚁爬鼻梁；二是《抱朴子·论仙》曰"以蚁鼻之缺，捐无价之淳钧（剑名）"，认为"蚁鼻"本义乃"细小"之意。

鬼脸钱，或称"鬼头钱"，特征同"蚁鼻钱"。是一种铭文"贝化"二字组合，是钱体酷似丑鬼脸面形态的贝币之俗称。该币最大的长 1.9 cm，最宽 1.3 cm，重 3.4～4.1 g；最小的长 1.3 cm，最宽 0.7 cm，重 0.6 g。

9. 圜钱

圜钱即圆钱或称"圆金"。是战国时期铸造通行的一类圆形铜质货币，俗称"圜化"、简称"环钱"，其正面铸有铭文，反面则无任何文字。先秦时期的圜钱有两类：一是圆形圆孔，比较原始；一是圆形方孔，铸造通行较晚。

圜钱在不同地区各有不同特征，在刀币区或刀、布并行区基本形制是圆形方孔，"明"字圜钱周缘无郭；在布钱区圜钱从周缘无郭到有郭，由圆孔演变为方孔，钱文书地名，如"坦""共""蔺"等。一般钱直径 4～4.2 cm，重 9.2～10.6 g 左右。

关于圜钱的形成，一说由古时纺轮演化发展而来；一说是受璧环影响所致。初期圜钱之穿孔较狭小，以后渐变大。圜钱是一种承先启后的铸币形态。根据钱体所铸货币单位不同，圜钱基本可划分三大类：

以"两"为单位的秦国圜钱；

以"釿"为单位的周、二晋地区的圜钱；

以传统的货币单位"刀"为名的齐、燕圜钱。

10. 方孔圆钱

方孔圆钱又称"方孔钱"，民间戏称"孔方兄"，指中国钱币之中穿孔为四方形的一类圆形金属铸币。

方孔圆钱是秦王朝把原始形态的布币、刀币和贝币统一于"国钱"之下，又与"圜钱"有着极为密切关系的货币之基本形式。它历经五铢钱制、通宝钱及明清钱制等漫长曲折的过程，在中国经济领域中流通了两千多年。

方孔圆钱在中国货币中是铸造地最广、使用量最大、流通最久，也是至今出土和民间传世量最多的一大钱币种类。

方孔圆钱的构成，主要有以下几个部分。

钱面：系指钱币的正面，即钱体上铸有国号、年号，或其他主要文字的一面。简称"面"。

钱背：简称"背"，别称"幕"或"缦"。指钱币的反面。背上有的铸有文字或图案、标记，有的则无。无文字图案标记者，又称"素背""空背"或"光幕""素幕"等。

郭："郭"也作"廓"。指钱体之上的凸起周缘和内框。"郭"又有"内郭""外郭"之分。"内郭"指钱之穿孔周围的内框，也称"好郭"；"外郭"指钱币之凸起的周缘，也称"周郭""轮郭""边"或"外边"。

穿孔：简称"穿"。又称为"函"，通称"穿口""好"；别称"内穿"或"肉串"，俗称"钱孔"。指钱之穿（串）孔。

"穿"又有"广穿""狭穿""满穿""花穿""龟甲穿"等之分。

肉：也称为"内壁"，系指钱币之本体。"肉"有"薄肉""厚肉"之分。另钱币之内外郭之间的部位称"地张"。

边道：简称"边"。指钱边可以滚动之处。

方孔圆钱的穿孔由圆为方，一说是为了便于去除钱坯的毛边施磨加工，另一说则认为是古人受"天圆地方"的宇宙观影响所致。到了清朝末年，方孔圆钱铸币由机制钱代替，方孔圆钱从此退出了中国货币历史舞台。

11. 铜元

铜元俗称"铜板"或"铜角子"。指从清末起机铸的一种圆形无方孔的新式铜币。

铜元于光绪二十六年（公元 1900 年）在广东开始铸造。钱面有一圆圈，内有"光绪（或宣统）元宝"四个汉字，内加满文"宝广"二字，圈外靠近外郭有"广东省造每百枚换一圆"等字样，后改为"每元当制钱十文"。钱背正中有蟠龙花纹，四周有"广东一仙"，后改"十文"英文字母。宣统二年（公元 1910 年），银元正面改铸"大清铜币"四字，内有一小字代表省名或地名，上端是满文"大清铜币"字样，两侧为年份，边缘中央分列"户部"二字，下面为"当制钱十文"，钱背中央仍为蟠龙，上端是"光绪（或宣统）年造"，下端有"大清帝国铜币"英文。

铜元知识有以下几个方面。

单铜元：指旧时民间对铜元中的"十文"铜元之称。

双铜元：指旧时民间对于面值在"二十文"以上的铜元之通称。

大铜元：指旧时民间对于面值在"五十文"以上的铜元之统称。

光绪元宝的铜元龙纹主要有坐龙、立龙（龙首高距于上）、飞龙三种；大清铜币铜元的龙纹一般称为"大清龙"。

清代铜元按其材料成分可分紫红铜元和黄铜元两类。

12. 古代纸币

古代纸币指清朝前历代印有价值面额的纸质货币，它是一种充当流通与支付职能的货币符号。

纸币始于北宋之"交子"。其雏形为汉武帝时的白鹿皮币，其根源则是具有汇票性质的唐代"飞钱"。此种纸质货币形制后为历代沿用，从而逐步变成中国纸币的独特风格，也影响了许多邻国的货币形制。

中国古代纸币的构成形制基本为长方形，大小不一，用统一的纸张铜版印刷，正背面有出票人的印记、密码花押、朱墨问错、三色套印；有的还有版面、图案、花纹之分；有的印有发行机关，官员押字、编号、兑换、用印等；有的印有蒙汉两文，书法文字各异。

中国古代纸币的币材最初起源于布及牛皮、白鹿皮，后期用棉质纸等，但中国古代纸币的币材基本以桑皮纸为主。

13. 古钱币的保管与收藏

随着时光的流逝，目前古钱币中常见的品存凶稀少，较为难得，一些罕见品古钱币更是凤毛麟角十分难见。对古钱币收集爱好者来说，必须将自己已收集的金属古钱币进行妥善地分类保管与收藏，保管收藏可采用以下几种形式。

钱柜：专门用收藏钱币的器具之一，多采用铁、木材料制作。其内部常有许多抽屉，可将钱币依朝代、品种的不同而分门别类地予以放置存储，使用起来十分方便。

钱匣：专门用于收藏钱币的器具之一，其形体较小，也可具备数层抽屉，多用来收藏较为珍稀的钱币。

钱盒：用于收藏钱币的专门器具之一，其形体更为小巧，内部结构亦比钱匣简单，是专门收藏钱币珍品的特制器具。其外部多用竹木、塑料、铜、铝等材料制成，盒内里多以绸缎、塑料泡沫等软物加以衬铺，其大小则多以钱币实物之大小、厚薄和数量多寡为规格标准。

钱板：用于收藏钱币的专门器具之一，其多用纸板或其他板片状材料制成，它是收藏钱币的最简单方式。钱板之上，多按钱币大小刻挖出洞孔或四槽，将钱币置放于内，保存和观赏都极为方便。

钱册：用于收藏钱币的专门器具之一，其形式类似"集邮册"，携带方便，也可将多页钱板合订而成。现代的钱册多由塑料压制而成，在古钱币收藏以及古钱币交换时，其使用效果颇佳。

对金属古钱币中的稀见品、罕见品，过去古钱币收藏家常用象牙盒、骨盒、铜盒等盛放装饰。按目前条件，可放入有机玻璃圆盒，内充氮气，类似纪念币的装演。对一般普通金属古钱币，可按时代、版别配套，顺序放入木盒中保管收藏为佳。木盒一般长短、大小，可根据自己需要制作，制作的盒内底面钉一层薄泡沫塑料。古钱币放置时钱背朝上，一来保护钱文，二来便于查看登记号，古钱周围用几根大头针固定。

古钱币爱好者在收集古钱币时，应对筛选过的金属古钱币每一枚都要登记，登记可分清册和登记卡两种方式：清册上内容项目包括登记号、古钱币名称、保存现状、质地、来源；登记卡的内容则包括登记号、古钱币的名称、质地、重量、钱径、等级、现状、收集来源、时间地址等。

第六章

学生玉石收藏活动指导

1. 中国玉文化

发源于新石器时代早期而绵延至今的"玉文化"是中国文化有别于世界其他文明的显著特点。中国人把玉看作是天地精气的结晶，用作人神心灵沟通的中介物，使玉具有了不同寻常的宗教象征意义。取之于自然，琢磨于帝王宫苑的玉制品被看作是显示等级身份地位的象征物，成为维系社会统治秩序所谓"礼制"的重要构成部分。同时，玉在丧葬方面的特殊作用也使玉具有了无比的神秘宗教意义。而把玉本身具有的一些自然特性比附于人的道德品质，作为所谓"君子"应具有的德行而加以崇尚歌颂，更是中国人的伟大创造。因此，玉于古代中国所产生出来的精神文化在世界文明中是非常有意思的一个特例，是东方精神生动的物化体现，是中国文化传统精髓的物质根基。

中国玉作为这一独特文化的物质基础，是中华民族的先民从各种石头中筛选出来的"石之美者"，具有温润莹泽、缜密坚韧的美感和实用功能。这个筛选过程极为漫长，可以说贯穿于石器时代的始终。在这个漫长的筛选过程中，"昆山之玉"也就是"和田玉"成为公认的"宝玉""真玉"。

中国是爱玉之国、崇玉之邦，玉石来源约有一百余处，中国历史上在用玉制度方面早已体现出真玉、非真玉的界定。帝王是中国古代最高阶级，和田玉在成为真玉的同时，也就成为帝王用玉。此后，经过无数的岁月，和田玉方才走入民间，遍及中国人生活的方方面面。

和田玉是中华民族的瑰宝，是中国的"国石"。它像一颗明珠，在中国历史文化中放射出灿烂的光辉，是中华民族道德精神的象征。和田玉与中国文明的发生、发展有着密不可分的关系，可谓渊源深远。

我国考古学者最新研究考证并提出了中国在石器和青铜器、铁器时代之间存在着一个玉器时代，有着三千多年的历史，玉器时代是中国文明的起源时代。早在新石器时代，昆仑山下的先民就发现了和田玉，并作为瑰宝和友谊媒介向东西运送和交流，形成我国最古老的和田玉运输通道，"玉石之路"，即是后来的"丝绸之路"的前身。和田玉七千多年的开发利用历史，证明了我国边疆和中原、东方和西方的文化与商贸交流的第一个媒介既不是丝绸，也不是瓷器，而是和田玉。和田玉在东西方文化和经济交流中起着重要的作用。和田玉历来是中国各民族友谊的象征物，和田玉作为历史的鉴证，雄辩地证明了新疆维吾尔自治区自古以来就是中国不可分割的一部分。

从殷商开始，中国就开辟了以和田玉为主体的玉器工艺美术新时代。由于和田玉登上了华夏民族的玉坛，才出现了称誉世界的"东方艺术"，才形成一部波澜壮阔的中国玉器史，成为中华民族灿烂文化的重要组成部分，同时也是人类艺术史上的辉煌成就和世界文化艺术宝库的珍贵遗产。

和田玉的玉质优良，几千年来在中华民族中形成民族爱玉心理，"对玉的爱好，可以说是中国文化特色之一。三千多年以来，玉的质地、形状和颜色一直启发着雕刻家、画家和诗人们的灵感"（李约瑟）。历代诸子百家以儒家学说诠释和田玉并赋予"德"的内涵，于是玉有十一德、九德、五德之说广泛传播，并被全社会所接受，成为我国玉器久盛不衰的精神支柱。这种寓德于玉，以玉比德的观念把玉和德结为一体；同时，又将玉与君子结缘，物质、社会、精神三合一的独特玉意识是我们华夏民族的思想建树，成为中国玉文化的丰富思想和精神内涵。有七千多年历史的中国玉文化，延续时间之长，内容之丰富，范围之广泛，影响之深远，是许多其他文化难以比拟的。中国玉文化的辉煌不亚于伟大的长城和秦代兵马俑的奇迹。中国玉文化的成就远远超过了丝绸文化、茶文化、瓷文化和酒文化。中国玉文化包含着伟大的民族精神，有"宁为玉碎"的爱国民族气节；"化为玉帛"的团结友爱风尚;"润泽以温"的无私奉献品德;"瑕不掩瑜"的清正廉洁气魄;"锐廉不挠"的开拓进取精神。

2. 中国玉文化的基因

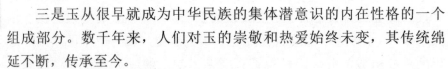

在中国人的文化中,玉是文化构成的一个重要基因。

一是玉器伴随中华民族走过了七千多年的历程,在这么悠久的岁月中,罕有一件器物有如此旺盛的生命力。几经兴衰,再度繁荣时却更加辉煌。

二是中国玉和玉器在世界享有盛誉。世界上许多国家和民族一看到玉就想到中国。

三是玉从很早就成为中华民族的集体潜意识的内在性格的一个组成部分。数千年来,人们对玉的崇敬和热爱始终未变,其传统绵延不断,传承至今。

四是玉器具有无穷的魅力,她能为不同文化、不同民族、不同时代的人们所接受。

3. 玉的道德、文化价值

玉的道德文化观念从西周发展起来,源于民俗;经儒家学派宣传、推崇,被思想家理念化,更具生命力;历代统治阶级巧妙加以利用;被民众所接受。这是玉器长盛不衰的重要原因。

"君子比德于玉"是儒家的用玉观。古代,玉象征伦理道德观念中的高尚品德。

东汉许慎的《说文解字》中"玉,石之美者,有五德。"是指:

"润泽以温":光泽滋润而柔和,象征仁义道德。

"鳃里自外,可以知中":玉质里外一致,象征表里如一。

"其声舒扬,专以远闻":声音舒畅而清扬,远远可以听见,象

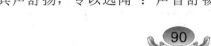

90

征智慧和远谋。

"不挠而折"：质地坚硬，象征宁可玉碎，不为瓦全。

"锐廉而不枝"：断口有棱角，但不很锋利，象征清廉正直。

在我们祖先创造的文字中，有200多个字与玉有关，这些字多为美好、崇高之意。

例如，玺、国、珏。又如：玉人，美丽的女孩子；玉树临风，文质彬彬的年轻人；亭亭玉立，美丽漂亮的人；玉洁冰清，心地纯洁、高尚；等等。

玉在中华民族的心目中是美好、崇高之物，故以玉制的器物多为高雅、庄严的器物。

在精神方面，人们认为玉象征着高贵、纯洁、友谊、吉祥、平和、美丽。玉有神奇的功用，可以避邪护身，有的可以作药治病。

4. 玉的历史

玉在我国的历史可谓源远流长。早在近万年前的旧石器时代晚期，中国人的先祖就发现并开始使用玉石了。一般人认为是上古时的人们在制作、使用石制工具时发现了玉这种矿物。因它比一般石头更为坚硬，所以就用它来加工其他的石制品。同时它有着与众不同的色泽和光彩，晶莹通透，惹人喜爱，于是慢慢地人们就用它来做装饰品。又由于玉的数量不是很多而且加工困难，因此就只有族群里少数头面人物如族长、祭师才有资格佩带并使用它，这使它渐渐演变成礼器、祭器或图腾。正是在这种长期缓慢的进化过程中，玉由原先的仅仅是一种特别性质的石头转化为代表权力、地位、财富、神权的象征。

东周时，人文主义兴起，儒家将一些传承自原始宗教的文化成分道德化，生活化，提倡"君子比德于玉"的观念。于是佩玉之风大盛，而雕琢之精美，后世亦难出其右。

由老三代（夏、商、周）经秦汉至隋唐，玉器一直是皇公贵族的专有装饰用品。两宋时经济发达，商业繁荣，由于手工业技术进步，玉器加工变得更方便快捷，玩玉赏玉之风大盛。此时出现大量制作精巧、加工细腻、构思奇妙的玉摆饰、玉佩件。

明清时玉器制作及玩赏达到顶峰，品种也更为丰富多彩，小到玉头簪、玉纽扣，大到整片的玉屏风、玉山、玉船。王公贵族家还常用玉石来制作日用具如玉碗、玉杯、玉壶等。

在一般人看来玉就是石头，可在中国人眼里的玉是与众不同的，它已经超越了单纯分类学的范畴而成为中华民族族群的精神寄托。直到今天，如果我们拿起一件翡翠，我们只会去评价它的颜色，它的质地，它的制作。可当我们看见一件古玉，在欣赏它的造型，它的沁色，它的质地的时候，心中油然而生的却会是一种强烈的民族自豪感，究其原由，就是古玉里蕴含着中华五千年文明的沉淀以及中华民族的民族精神。

5. 玉石之美

夫玉者，质地细密、色泽淡雅、温润光洁之美石也。其储养光华，叩击有声，坚硬似铁，晶莹含翠，在众多石类材料中脱颖而出，备受世人喜爱。国人眼中之玉，有广义和狭义之分。广义即文化学意义之玉，范围宽广，不仅包括软玉、硬玉，还包括水晶、玛瑙、蛇纹石、汉白玉、绿松石、青金石等品种，而狭义则专指矿物学意义之玉，分为软玉和硬玉。软玉，其硬度为莫氏 $6 \sim 6.5$。比重 $2.55 \sim 2.65$，主要成分是硅酸钙之纤维矿物。而硬玉，则专指翡翠，硬度为莫氏 $6.75 \sim 7$，比重 $3.2 \sim 3.3$，成分则以硅酸钠和硅酸铝为主。硬玉在 18 世纪后方为中国玉匠广泛采用，因此中国古代玉器绝大部分为软玉制品。

中国是世界上主要产玉国之一。不仅开采历史悠久，而且分布地域极广，蕴量丰富。在中国，玉矿带可分为三大板块：一是我国东北、内蒙古自治区延伸至俄罗斯地区；二是我国江浙地区一直到台湾；三是新疆维吾尔自治区、西藏自治区和青海地区。而新疆和田、河南独山、辽宁岫岩、陕西蓝田，并称我国四大美玉产地。目前，中国与中美洲和新西兰并称世界三大玉作中心。

6. 以玉避邪

早在远古时期，我国先民便开始了制玉探索。在先人心目中，自然万物本身皆蕴涵着固有的生命潜能，皆有着与人类相同的灵性。这就是所谓"万物有灵"的观念。而作为生命本源的"灵性"和神秘生命力量，则弥漫于各类物质之中，通过与人类的接触、感应与人相互渗透。于是，原始宗教信仰应运而生。在这种宗教情结的驱驶下，先民努力营造出一种充满灵性的神秘氛围，其具体体现便是将各种形象通过纹身、佩饰等方式，与各种人类自身以外的神秘对象进行沟通，从而获得万物身上的灵性和生命力。最早的佩饰大多为取自动物身上的实物，诸如动物骨骼、牙、皮、羽毛等。他们认为佩戴此物，便可具有该种动物的灵性与力量。

到新石器时代，由佩戴实物逐渐发展到佩戴各种动物实物的替代品，于是原始雕塑初露端倪。在雕塑过程中，先民逐渐认识到，在各种石质材料中，有色美而质优者，并以玉名之。考"玉"字，乃我国最古老的文字之一。甲骨文中便已现身，属象形字，初意为将三块横玉用一条玉贯连起来，乃玉制以器也。玉的雕琢和制作技术发展迅速，在原始社会阶段就已达到相当高的水平。就目前已获得的考古发掘实物而论，辽宁阜新胡头沟红山文化遗址发现的龟形玉饰、凌源牛河梁红山文化出土的玉猪龙、陕西神木石峁龙山文化遗址中发现的玉蚕等，皆可证明先民已能熟练运用切、割、凿、挖、钻、磨、抛光等工艺技术制作玉器。在原始巫术盛行的文化环境中，这些佩饰一般被认为是可避邪禳灾之护符瑞玉。

在历史上，殷人信鬼，尤尚美玉，此一时期，玉器制作以汇聚西部所产玉材和东部琢玉技术之双重优势而蔚为大观。在殷墟妇好墓中，随葬玉器多达 755 件，贵族尚玉之风可见一斑，而动物类玉饰为其主流。随着不同区域文化之间交汇与融合，玉器制作工艺亦逐渐在相互借鉴和整合过程中走向成熟，品类大增，堪称昌盛。因此，对玉石质量与品位之要求也越来越高，只有质地坚韧，光泽莹润，色彩绚丽，组织细密而透明，声色舒扬而致远之美石，方可得玉之美名。而产于新疆和田之角闪石，因白如羊脂，光泽温润，被奉为正宗玉材而价值连城。古代巫师赋予美玉以驱邪禳灾的功能，所以社会普遍认为，玉刻龙凤，可永保平安；玉雕神兽，可镇邪除灾，此类制品也理所当然地成为玉器主流。

7. 君子如玉

　　玉之美，出于自然，是由内而外之渗透折射，柔和含蓄，魅力无穷。因此，赏玉之过程往往是一种特殊审美理念形成，并产生愉悦的过程。玉外表温和圆润，本质却至坚至刚，与人中君子道德追求之境界正相吻合。到春秋战国时期，随着儒家文化的勃兴，神鬼文化与先民生活渐行渐远，贵族士卿崇尚"观物比德"，标榜"君子如玉"，玉被赋予了吸纳日月山川之精华，凝聚人间之美质的特征，成为品评人物的道德标准。"君子比德于玉"的道德观念，将玉之色泽、质地、形状等比附人品之德、仁、智、义等品德，于是玉具五德、九德、十一德等学说应运而生，乃至"君子无故，玉不去身"。以玉比德之观念影响极大，玉质佩饰也就成了显示贵族身份与教养的标记，而玉玺则是国家和王权之象征。

　　古人崇尚礼节，先秦典籍中对玉之使用曾有严格规定。据《礼记·玉藻》，"古之君子必佩玉，右徵角，左宫羽，故君子在车则闻鸾和之声，行则鸣佩玉；居则设佩，朝则结佩"，"君子无故，玉不去身，君子于玉比德焉"。玉亦可作为贵重礼物相互赠送，以表达情谊。

《诗经·国风·木瓜》有云："投我以木瓜，报之以琼琚。投我以木桃，报之以琼瑶，投我以木李，报之以琼玖。"琼琚、琼瑶、琼玖，均佩玉也。《秦风·渭阳》有"我送舅氏，悠悠我思，何以赠之？琼瑰玉佩"。

作为知识阶层的士大夫，则将自身对理想道德最高境界之追求，比附于玉之坚洁精美，将高尚人格之砥砺磨炼，寓之于美玉之琢磨精雕。因此，玉又是君子规范道德、约束行为之标志。古人辨玉，首重其所寓美德，而天然色泽与纹理则次之，使得玉由单纯饰佩升华为实用、审美与修养三位一体的伦理人格风范之标志。中华文化具有早熟性特征，先秦时期便达到了不可逾越之高峰。而其后文化之扩展，无不是对先秦文化之解读与稀释，故而绵延至今的玉文化，万变不离其宗也。

8. 美玉无价

自古以来，"玉"字在人们心目中就是一个美好、高尚的字眼。在古代诗文中，常用玉来比喻和形容一切美好的人或事物。例如：以玉喻人的词有玉容、玉面、玉女、亭亭玉立等；以玉喻物的词有玉膳、玉食、玉泉等；以玉组成的成语有金玉良缘、金科玉律、珠圆玉润等。古人更是将玉人格化，赋予它美和德双重性格，正如前引"君子比德于玉"，崇玉之风炽盛，可见一斑。

美玉无价之实例，最为典型者乃和氏璧之身世。春秋时，楚人卞和在山中得一璞玉，献与厉王。王使玉工辨识，云为石也。王怒，以欺君罪刖卞和左足。后武王即位，卞和复献玉，仍以欺君罪再刖右足。及文王即位，卞和抱玉坐哭于荆山之下。文王遣人问询，曰："吾非悲刖也，悲夫宝玉而题之以石，贞士而名之以诳。"文王使良工剖璞，果得宝玉，琢之为璧。因称"和氏璧"。后此璧为赵惠文王据为己有。秦昭王闻之，"遗书赵王，愿以十五城请易璧"，当时秦强赵弱，赵王恐献璧而不得其城，左右为难。蔺相如自请奉璧至秦，献璧后，见秦王无意偿城，乃当廷力争，宁死而不辱使命，并以掷璧相要挟，终致秦王妥协，得以"完璧归赵"。秦破赵，得和氏璧。旋天下一统，嬴政称"始皇帝"。命李斯篆书"受命于天，既寿永昌"八字，咸阳玉工王孙寿将和氏之璧精研细磨，雕琢为玺。传国玉玺乃成。后经秦、汉、魏、晋、宋、齐、梁、陈、隋、唐、后梁，至后唐时，石敬瑭引契丹军至洛阳，末帝李从珂怀抱传国玺登玄武楼自焚，传国玺就此失踪。其后虽屡有传国玉玺现身之鼓噪，但皆赝品，其身世遂成千古之谜。将美玉与江山社稷紧密相联，且超越朝代更迭而传世，足见玉在古人心灵中的突兀地位，也是古人心目中道德之地位远远胜过政治之典型例证。玉文化是我国传统文化的重要组成部分，玉器之绚丽纹样，似乎流淌着我华夏先民之灵性，护符与佩饰之中，蕴含着他们纯洁高尚的情怀。我国一以贯之的玉文化品位之高，内涵之富，堪称举世罕见，断无其匹也。

9. 中国人与玉

玉，都是古老的。世界上最精彩的玉，产于新疆和田。凝固的玉的龙脉，在大山的腹中，深藏了亿万年。这玉的龙脉是大自然最精彩的结晶。随着天地沧桑，一部分玉的龙脉破山而出，裸露于天地风雨冰雪之间，又呈现出别一种玉的资质。经历了风刀霜剑的挥斫，一部分玉滚落在山涧、河流之中，这玉是一大群星星般的魂魄，人们称之为"籽玉"。这玉是玉的龙脉的孙儿，最具生命力量又历经磨砺。这玉彻心彻骨地和光同尘，与风雨雷电、水火冰雪相亲相融，是真正承受了天地灵气的人间精魂。玉是大自然对于人类最美好的馈赠，可惜只有中国人对它怦然心动，因为只有中国人发觉了玉的美好，而且倾心倾情。

玉，来到人间，便分成了古玉和新玉。一是因为玉来到人间有先后，更因为人间爱把玉琢刻雕镂，而这琢刻雕镂也有年代的先后。

于是，在大自然中不分古今的玉，在人间被分出了今古。然而，古毕竟太古老了，也因此越是久远年代被琢刻的玉，越让人心向往之。与瓷器广为盛赞的康熙"雍正"乾隆三代器不同，这三代是夏商周三代。只一点，便见出了玉的朦胧美意、天空海阔。我见过夏商周一片片冰雪般排开的玉钺、玉斧，和钺斧之上用一堆堆岁月研磨出来的木木讷讷的孔，至今可以想见我们祖先的手泽和心痕。岁月无所谓长短，人生也无谓长短。为着一个寄托，向着一个目标，耗尽性命，过尽岁月，生命可以见出它的永久，岁月可以不见了今古。玉，让人无限敬仰我们的祖先。在熙攘匆忙的日子的缝隙，在一些路边的小摊上，弯腰挑出一个毫不起眼的远古小小的带孔的玉片，妙处难与君说。而这难与君说的妙处，却在每个中国人的心头已藏得太久。

牛成了亿万年的玉，遇到了中国人之后，才变成了通灵宝玉。而具有人类所有的美好品性的中国人，把玉看作了民族的精魂。因为玉也具备了人类所向往的所有的美好的品性，温文、宁静、含蓄、纯净、坚贞和正气。"君子比德于玉"，是中国人的一句古训，是中国人与玉一见倾心的真情流泻。中国人活着，像玉一样，去世了，最神圣的悼念，也是"生刍一束，其人如玉"。玉最让人称道的品质还在于玉永远不折不挠。"宁为玉碎，不为瓦全"，是玉最让中国人感动的品性。玉碎了，碎了还是玉！中国人把玉看作了民族魂，近百年不折不挠奋斗，中国人有的就是一种"宁为玉碎，不为瓦全"的精神，在这个世界上维持着自己的尊严。具有玉的精神的中国人，是永远也不可战胜的。

中国文学是中国古今社会生活的反映，也是中国古今文化的重要组成部分。由于玉文化是中华文明的基石，而玉文化在中国文化和中国文学中必然有所反映，这是顺理成章的事实。但是，由于中国文学在中国古文化中出现得较晚，文学作品的诞生便大大晚于玉文化诞生的年代了。

中国第一部诗歌总集《诗经》，收录了西周初年到春秋中叶的

305篇诗歌，其中有不少涉及玉器或与玉有关的名篇名句，如"知子之来之，杂佩以赠之。"（《郑风·女日鸡鸣》）其意是：我知道你来慰劳我，把由几种玉组成的佩玉赠送给你。"言念君子，温其如玉。"（《秦风·小戎》）其意为：想起我那心上人，温文儒雅有如美玉。屈原《九章·涉江》中云："登昆仑兮食玉英，与天地兮同寿，与日月兮同光。"此句是说：登上昆仑山品尝玉之精华，可与天地一样长寿，像日月一般光辉。这些都是脍炙人口的千古绝唱。

之后，汉赋、唐诗、宋词、元曲及明清小说等不同体裁的文学作品中，有不少用"玉"字的句子或题名，还有涉及玉的主题与情节。描写玉工碾玉劳动及其不幸爱情遭遇的宋话本《碾玉观音》，与玉的关系就更为直接。元明杂剧《玉块记》《拾玉镯》《一捧雪》等，也都是以玉文化素材为创作线索的代表作品。清代著名小说《红楼梦》与玉、玉文化的关系最为密切，从《石头记》—《红楼梦》，从女娲补天遗石—通灵宝玉—"命根"—贾宝玉—林黛玉……直到全书悲剧性的结局，无不贯穿着玉文化的诸种理念。

总之，正如一句俗语所道的"书中自有颜如玉"那样，玉、玉文化给予中国文学以极为深远的影响，这也是中国文学的一大特色。

10. 玉与爱情

现代人还把玉当作情人间相互表示爱慕，传递情感的一种信物，在古代更是如此。《诗经·卫风·木瓜》："投我以木瓜，报之以琼琚，匪报也，永以为好也。"《诗经·郑风·女曰鸡鸣》："知子之来之，杂佩以赠之；知子之顺之，杂佩以问之；知子之好之，杂佩以报之。"琼、琚、杂佩，都是美玉琢制的佩件，情人间相互用来赠送。

爱情玉在考古发掘中，也能窥其子遗。在历代墓葬中，女性墓出土的装饰佩玉总是多于男性。清代毕沅除正妻汪德外，还有5个爱妾，其中3号墓主，是最得宠的爱妾，墓中除有昂贵的翡翠饰件、翡翠朝珠、嵌宝石金饰外，还有连汪德夫人也没有的福禄百寿字白玉带，显然是毕沅生前特赐她的。

玉作为情人信物，一是因为玉美，温润晶莹，色泽典雅，肌理清澈。"情人眼里出西施"，有情人总认为自己的情人是世上最美的，他们借助玉的美来表达对情人美的赞赏。

汉文化中，有不少诗文词汇，以表现玉的自然美引申为人的容貌美和气质美。《诗经·召南·野有死麕》："白茅纯束，有女如玉。"《诗经·魏风·汾沮洳》："彼其之子，美如玉，美如玉，殊异乎公族。"玉女，玉人，玉容，玉貌，玉色，玉体，玉面，玉音，玉立，玉郎都形容人的俏美。另一个原因是，美玉经得起时间的考验。它不像飘浮的白云、四季的鲜花，时来时去，忽有忽无，交替变化。玉，盘玩的时间越长，越迷人可爱。爱情是坚贞的、永恒的，情人用玉能充分表达情人间的"山盟海誓"，"海枯石烂不变心"，白发偕老的忠贞爱情。另外，玉即使碎了，其玉沁是不会变的。情人即使不能成为眷属，但爱慕之情是绝不会断的。因此，玉能充分表达情人间的各种复杂感情。

11. 玉牌

玉牌子是一个独立的玉雕艺术门类，是随身携带的玉雕佩饰品之一。因为它规格方正，大小适中，可佩戴于胸前又可佩挂于腰间，无论是欣赏还是把玩都十分合适，男女皆宜，所以深受人们的喜爱。

玉牌子属于佩玉的一种，佩玉文化历史悠久，最早可追溯到红山、良渚、殷墟等早期文化。到了战国至汉时期，佩玉的发展达到了前所未有的高峰。它涵盖的内容除了财富、艺术、礼仪，还增加了政治的含义。由于战国及秦的连年征战，宫廷政治斗争险恶，刺杀之事屡有发生，汉廷规定，大臣们佩带古玉组珮上朝。组珮，顾名思义，成组的玉珮。组珮由大小不一的玉珮组合，中间衔以丝绳，佩戴腰际，限制了文武百官上朝时的行动。如若有人动作过大过猛，组珮就会叮当作响，势必引起侍卫的注意。

玉又是中国文化的最高礼器用材，同时它所传递出的美感与中国传统思想不谋而合，因此佩玉成了经久不衰的佩饰时尚。

玉牌真正成为一种叫得响的玉雕艺术门类，是在明嘉靖、万历年间。因为这个时候苏州出了一个著名的玉雕大师——陆子冈。子冈玉雕一改明代玉器陈腐俗气，以精美的玉料、高超的玉雕技法，将印章、书法、绘画艺术融入其中，子冈制玉挂件，形若方形或长方形，宽厚敦实，犹如牌子，故简称为"子冈牌"。

将中国的书画艺术镌刻在玉牌的正反两面，加上玲珑剔透的牌头装饰，具有较高的观赏性，玩味无穷，是子冈牌受欢迎的主要因素。这不仅奠定了现代玉牌的基础，还确定了玉牌的基本形式、内容和门类。

当代玉牌在子冈牌的基础上得到了进一步的发展和创新，无论从题材上还是体量上都融入了相当多的现代思想和审美品位。比如，现代玉牌在外形上不拘泥于规矩，而是更多倾向于自由随形，题材也更丰富多变。同时，因为现代雕刻工艺的机械化比传统工具更精确和细腻，使现代玉牌在制作工艺上可以更清晰细腻地表现设计师的创意。

12. 硬玉

硬玉也称翡翠，属辉石类，单斜晶系，完全解理。翡翠的颜色因含有的铬元素质量分数不同而显白或绿色。一般以白色泛绿种类最为常见，以翠绿色为贵。因而，在硬玉传入中国后，被冠以"翡翠"（翡为红色羽毛，翠为绿色羽毛）之名。翡翠的流行史没有软玉长，其出产地也主要集中于缅甸（目前世界上最大的翡翠出产国）、日本新潟县及北陆沿海。危地马拉、美国、俄罗斯也有少量出产。

13. 软玉

角闪石、阳起石类软玉，苏联化学家曾将软玉命名为"中国玉"。软玉（文化分类）的大部分在国际通用标准上并不被认为是玉，而是其他的矿物。但在少数国家（如中国），它们依然被当作玉的一个类别而交易。依照软玉石质的颜色，也有数个亚种：纯白色具有油脂光泽的羊脂玉；泛白色的白玉、青白玉、青玉、碧玉、黄玉和墨玉，以及较为稀少的糖玉等。

14. 和田玉

和田玉主要分布于新疆莎车—塔什库尔干、和田—于阗、且末县绵延 1 500 km 的昆仑山脉北坡，共有 9 个产地。和田玉的矿物组成以透闪石、阳起石为主，并含有微量的透辉石、蛇纹石、石墨、磁铁等矿物质，形成白色、青绿色、黑色、黄色等不同色泽，多数为单色玉，少数有杂色。玉质为半透明，抛光后呈脂状光泽，硬度在 5.5 度至 6.5 度之间。

15. 岫岩玉

岫岩玉产于中国辽宁省岫岩满族自治县，岫岩满族自治县是一个山清水秀、物产丰富、藏风聚气的风水宝地。经过千万年的自然演化，凝聚了千万年的日月山川之精华，从而蕴育产生了闻名于世的国宝珍品——岫岩玉。岫岩玉是中国四大名玉之一，大体分两类：一类是老玉（亦称河磨玉），其质地朴实、凝重，色泽深绿，是一种珍贵的璞玉；另一类是软玉，其质地坚实而温润，细腻而圆融，多呈绿色，而其中以纯白、金黄两种颜色是罕世之珍品。

16. 独山玉

独山玉又称"南阳玉"或"南玉"，产于南阳市城区北边的独山，为全国四大名玉之一。独山玉质坚韧微密，细腻柔润，光泽透明，色泽斑驳陆离。有绿、白、黄、紫、红、白6种色素77个色彩类型，是玉雕的一等原料。独山玉雕，历史悠久，1959年在独山附近的黄山新石器时代遗址出产的玉铲，证明早在5000余年前先民们已认识和使用了独山玉。独山脚下"玉街寺"遗址，为汉代雕刻玉器的地方。

17. 绿松石

绿松石又名绿宝石，因其色、形似碧绿的松果而得名，是世界上稀有的贵宝石品种之一。绿松石制品现已成为重要的收藏品，是一种次生矿物，由含铜、铝、磷的地下水在早期花岗岩石中淋滤而成，在近地表的矿脉中沉淀形成结核，被岩脉的基质所包裹。绿松石是最早用作饰物的矿物品种。1900年，埃及的一座古墓中出土了4只绿松石包金的手镯。

第七章

学生奇石收藏活动指导

1. 玩石文化

中国的历史悠久，奇特的自然景观举不胜举。而作为大自然中的奇形怪石，经过宇宙雷鸣和山川河流的自然洗礼，已经脱胎成神似或形似的自然之趣，日久便成为一种审美文化了。它的文化内涵除用于取火、盖房、做磨盘、锻打武器、制作工艺品等的实利功效外，它还是一种精神象征，它给人以生命的悟性。其质地，载重而不垮，可喻为坚强的意志；其形态，刚中见柔，柔中见刚，刚柔相济，可喻为有情有棱角的个性；其拙朴厚重，可喻为大智若愚；其坦然沉静无言，可喻为献身的精神。

2. 赏石文化

奇石，又称观赏石、雅石、供石、玩石，日本称之为水石，韩国称之为寿石，是指不事雕琢，具有自然美感的石头。其包括奇特的化石，矿物晶体和岩石等。奇石具有独特的形态、色泽、质地、纹理。奇石具有观赏、收藏及科研价值。

赏石文化是人类石文化现象中的一个重要分支，其基本内容是以天然石（而非石制品）为主要观赏对象，以及为观赏天然奇石而总结出来的一套理论、原则与方法。其包括赏玉文化、园林景观奇石等多个方面，其历史要比石器文化晚得多。即使如此，中国先秦时期就已有相关记载，而黄帝更被认为是早期赏石文化的发起人。此外，由于东西方民族在历史和文化背景方面的显著差异，东方赏石文化与西方赏石文化是分别经历了各不相同的发展道路而形成的，其内容和特色在许多方面也截然不同。

古人云："山无石不奇，水无石不清，园无石不秀，室无石不雅。赏石清心，赏石怡人，赏石益智，赏石陶情，赏石长寿。"观赏奇石，要讲究瘦、漏、透、皱、清、丑、顽、拙、奇、秀、险、幽十二个方面，更主要是要从质、形、色、纹、势等方面去把握奇石之美。

赏石文化的源头在中国，千百年来，国人的爱石、搜石、藏石、品石之风源远流长，形成一种传统的赏石文化，并进而影响海外诸国家和地区，时至今日，赏石渐成国际潮流。据统计，全世界至少有 2 000 万天然奇石爱好者，并成立了国际爱石协会，国际自然艺术石爱好者协会等国际性赏石团体。

3. 奇石

奇石在我国历史上又称为怪石、雅石、供石、案石、几石、玩石、巧石、丑石、趣石、珍石、异石、观赏石等，我国台湾及港澳地区称为雅石，日本称水石，韩国称寿石。从广义上来讲，凡是具有观赏价值的自然石均可称为奇石。

在观赏和应用上可分成五大类。

第一类谓"天然风景石"，如黄山"飞来石"、云南"石林"、桂林"骆驼石"、福建平潭县的石海狮礁石等。

第二类谓"庭园景石"，是庭园堆山叠石、散石点缀、孤石欣赏与造景，形体较大，置于室外庭园中的自然奇石，如太湖石、斧劈石、灵璧石等。

第三类谓"盆景石"，是制作大、中、小型盆景（山水盆景、水旱盆景）用的石材。

第四类谓"石工艺"，是以某些天然观赏石为原料，以人工加工为主形成的工艺品，如石刻、石雕、石砚、印章等。

第五类以室内陈列布置或几案摆设为主，独立观赏，以自然形成为要素，形体较小，可以移动，精美别致，并配有盘、盆、座、架、锦盒之类的附属物，是具有较高观赏和收藏价值及文化艺术品位的石质艺术品。此类观赏石也是本书论述的主要对象，属于狭义的观赏石范畴。它包括千姿百态的山水景石、形象生动的象形石、色彩艳丽的图案石和纹理石、剔透晶莹的矿物晶体、富有观赏价值的古生物化石，以及具有研究、收藏价值的事件石和纪念石等，也包括为表露石之天然色彩、图纹，经切割或研磨，配以几架装饰的大理石等图纹石或色彩石。

4. 黄河石

从广义上讲，自黄河的发源地巴颜喀拉山到黄河入海口，绵延数千公里，沿黄河两岸山峰、沟壑的大量石块，以及汇入黄河的河流、湖泊携带的石块，进入黄河后，经过浊浪的搬运冲刷而形成的石块，便统称为黄河石。由于黄河石的来源是多渠道的，所以石源丰富、石种庞杂。可以说，黄河石集奇石之大成，黄河就是一座天然的奇石藏馆，是一个五彩缤纷的奇石世界。

5. 类画石

所谓类画石，指呈现在石体上的人物、动物、植物、山水花鸟虫鱼等物象，有的抽象，有的具体，有的速写，有的泼墨，有的素描，有的如国画，有的像油画，手法多变，所表现的万物生灵犹如绘画一般，都在像与不像之中让人神秘莫测，揣摩不定。

6. 图案石

图案石就是在奇石的表面以平面画面表现石情画意。大自然以天然之笔将矿物质染浸在石上而形成的景物、人物、动物、静物、建筑物等社会之万物，或以曲直线条表现，或以色块构成，穷极变幻、手法各异、无奇不有，皆属图案石。

7. 纹理石

纹理石就是由规则或不规则的纹理和线条组成的石块。这些带色的纹理是岩石受自身析出的铁离子染色，沿节理裂隙充填而形成的氧化铁（锰）等矿物质的沉淀。辨别纹理石的优劣，除石质优良外，主要看线条的构成，好的纹理石线条流畅、节奏明快，能形成一定的韵律，而且错落有致，或层层叠起，分布均匀如梯田；或间隔性的排列，井然有序，形成各种图案，可视为上品；也有线条是竖向的、纵向的、或圆或方。若线条组成的图案又与石头的造型相吻合，更是优中之精品。反之，线条杂乱无章，既构不成图案，也不流畅，不能给人以美感者，则视为劣质品。

8. 造型石

　　整个石体像人、像物、像器皿等立体象形。造型石又有形象石与意象石之分，造型石的审美可归纳为质、色、形、趣、韵、气六字要素。韵致和气质属于抽象的范畴，因此非形象石，我们也称为抽象石。不是每一块抽象的造型石都有一种韵致或一种气质，有韵致、有气质的是好石。几乎任何一块石头都不可能全面符合质、色、形、趣、韵、气六项要求，但一块石头应符合几项要求才算好石，也难以一概而论。每块石头都是一个"具体"，具体问题具体分析。

9. 人物石

　　一代文豪奇石的造型像人物，奇石中的图案像人物，在石品上构成人物图像的，均称人物石。有的以流畅的线条形成人物速写，有的以大块色相将人物渲染得惟妙惟肖。造型、线条、色彩所构成的人物无不栩栩如生，有古今中外人物，有神话传说中的人，有领袖伟人，有科学家、艺术家，等等；有头像、半身像、全身像；有单一的，有群体的，有辛勤劳作的，有谈天说地的，有悠闲垂钓的，有秋收春忙的，还有迎晨早读的……构成了一个缤纷多姿的人物世界。

10. 动物石

　　不同石品的造型像动物，由图纹、线条、色块构成的动物，都可谓之动物石。有的是头像，有的是全身像，有单一，有群体，有嬉戏追逐者，有飞奔觅食者，恰如一个天然的动物世界。

11. 组合石

组合石也叫配套石，把几块意思有关联的奇石组成景观、典故、吉祥用语等，这可提高赏石者的文化品位，扩大其知识面，也可使奇石自身产生较高的观赏价值和经济价值。组合石是藏石达到一定数量后，才好配套，也可以石易石之法，为自己的奇石配套。常见的有：黄河石中的日月星辰，从日出日落到月升月落；植物中的岁寒三友——梅、竹、松；动物石中的年年有余、十二生肖；人物石中的古代四大美女——西施、貂蝉、王昭君、杨贵妃；寓言中的东郭先生和狼；还有文字石中的"福星高照，春夏秋冬"等，不胜枚举。

12. 化石

华石指古生物的遗体或遗迹在地壳运动中经矿物质置换而形成的岩石。化石可分为：（1）古生代化石，几亿年前的无脊椎动物和低等植物化石；（2）中生代化石，6000 万年至 2 亿年前脊椎动物、爬行动物和较高的植物化石；（3）新生代化石，几十万年至距今五千年前的哺乳动物和高等植物化石。

13. 灵青石

灵青石外形千壑百孔，连者巧而不拙，孔暗而显，高低呼应，有夺天功之妙，石上洞岩悬壑、曲径通幽，支撑妙而奇，如在飘渺中，似人间仙境。

14. 寓理石

　　奇石的形、色、质、纹、韵、音等方面都含有一定的哲理，而且寓意又明显深刻，确实起到警世育人的作用。好的寓理石能使人使己终身受益。

第八章

学生陶瓷收藏活动指导

1. 陶瓷文化

陶瓷的发展史是中华文明史的一个重要组成部分，中国作为四大文明古国之一，为人类社会的进步和发展做出了卓越的贡献，其中陶瓷的发明和发展更具有独特的意义，体现了中国历史上各朝各代不同艺术风格和不同技术特点。英文中的"china"既有中国的意思，又有陶瓷的意思，清楚地表明了中国就是"陶瓷的故乡"。早在欧洲人掌握瓷器制造技术一千多年前，中国人就已经制造出很精美的陶瓷器。中国是世界上最早应用陶器的国家之一，而中国瓷器因其极高的实用性和艺术性而备受世人的推崇。

2. 陶瓷的渊源

陶器的出现大约在距今 *1* 万年左右，中国进入新石器时代，开始了定居生活，盛水、蓄物等日常生活的需要，促使了陶器的发明。中国陶器的分布比较广泛，主要集中在黄河流域和长江流域。其中，仰韶文化是新石器时期比较有代表性的文化类型，以彩陶为特点，也称"彩陶文化"，它派生出半坡和庙底沟两个类型，装饰图案有很高的艺术价值。马家窑文化是新石器晚期的文化类型，比仰韶文化略晚，距今约 *5000* 年。黑陶是继彩陶之后的又一伟大创造发明，距今约 *4000* 年的龙山文化时期，出现了工艺独特的蛋壳陶。秦汉时期的陶俑，是我国古代人物雕塑的高峰，使制陶技术和艺术达到了很高的境地。此外，唐代的三彩器、明清两代的紫砂器等，都是中国陶器文物的重要内容，很值得深入研究和收藏。

3. 陶瓷与中国文化

陶瓷文化性的特殊之处，不仅在于它反映了广泛的社会生活、大自然、文化、习俗、哲学、观念，而且在于它所反映的方式。它是一种立体的民族文化载体，或者说是一种静止的民族文化舞蹈。这是由陶瓷的特性决定的。一件件作品，无论题材如何、风格如何，都像一个个音符，在跳动着，在弹奏着，合成陶瓷文化的旋律。这些旋律，有的激越，有的深沉，有的热情，有的理智，有的色彩缤纷，有的本色自然，构成一部无与伦比的摄人心魄的中国陶瓷文化大型交响乐曲！

作为中华民族文化之一的陶瓷文化，在民族母体中孕育、成长与发展，它以凝聚着创作者情感、带着泥土的芬芳、留存着创作者心手相应的意气的艺术形象，表现着民族文化，叙述着一个个动听的故事，展现着广阔的社会生活画卷，记录着芸芸众生的悲欢离合，描述着民族的心理、精神和性格的发展与变化，伴随着民族的喜与悲而前行。

新石器时期彩陶中的陶塑作品，记录着先民生存的愿望。那陶塑的猪、牛、狗，模仿着打猎而来或者豢养而食的动物形象，演示着与大自然搏斗的酷烈，表达着文明的演化与发展。摩挲这些与实物逼真无二的作品，想象着先民的困惑、喜悦和奋争，那在洪荒、野蛮中奔突与呼叫的景象，撼人心魄。

秦兵马俑，那刚毅肃然的将军，那牵缰提弓、凝神待命的骑士，那披坚执锐、横眉怒目的步兵，那持弓待发、目光正视前方的射手，以及那风神骁骏、横空出世的战马，共同组成的方阵，张扬着力量，张扬着神勇，令人回想起那硝烟四起的金戈铁马的时代，想象着秦国军队那种风卷残云、吞吐日月、横扫大江南北的军威。尽管是一个军阵，但它却反映了那个时代的主旋律，形象地记录着那个时期的历史。

汉代经济得到恢复，社会各方面都得到发展，呈现出与秦代不同的时代特征。陶塑的内容和艺术风格也随之发生变化，无论是人物还是动物，其场景的塑造，都不像秦代陶塑那样注重写实，力求形态的逼真和细节的刻画，而是注重从总体上把握对象的精神内涵，注重传神之处的刻画，不拘细节的真实，强调动势和表情语汇在形象塑造中的作用，表现出一种豪放雄迈、飞扬流动的美学格调，而这正是汉代的时代审美特征。

"唐三彩"所表现的那种激扬慷慨、瑰丽多姿、壮阔奇纵、恢宏雄俊的格调，正是唐代那种国威远播、辉煌壮丽、热情焕发的时代之音的生动再现，宋代陶瓷艺术的俊丽清新，正是那个时代审美习尚、哲学观念的反映，明清时期的斑斓与柔丽，是社会生活与审美观念使然（熊廖《陶瓷美学与中国民族的审美特征》），改革开放以后的雄俊、奔放，也是这个时期的政治、思想、观念、生活综合作用的结果。

所以说，一部中国陶瓷史，就是一部形象的中国历史，一部形象的中国民族文化史。

景德镇陶瓷是中国陶瓷的杰出代表，它本身是一部中华民族与民族心理的缩影，是中华民族文化观念、民族心理、文化现象的反映。

4. 陶瓷与民俗

陶瓷是一种工艺美术，也是一种民俗艺术、民俗文化，因此它与民俗文化的关系极为密切，表现出相当浓厚的民俗文化特色，广泛地反映了我国人民的社会生活、世态人情，以及我国人民的审美观念、审美价值、审美情趣与审美追求。我国人民有一个好传统，不管处于何种时代、何种处境，都热爱生活，追求幸福、和谐、吉祥。因而，表现喜庆、幸福的祥瑞题材，自古及今一直是陶瓷的一个重要的题材和一个基本的文化特征。

祥瑞题材，主要围绕着"福、禄、寿、喜、和、合、吉祥如意"等内容而展开。因此，在选择题材表现寓意时，经常选用如下一些事物：珍禽类，经常选用凤凰（百鸟之王，象征大富大贵、大吉大利，凤凰相偕喻爱情）、白鹤（有清高、纯洁、长寿之喻）、白头翁、喜鹊、鸳鸯、雄鹰；名花类，经常选用牡丹（百花之王，象征富贵繁荣）、芙蓉（象征雍容华贵）、莲花、梅花、菊花；在芳草类中，经常选用兰草（有香祖之喻、兰孙贵子）、灵芝（象征延年益寿）；竹木类中，松（象征长寿、气节）竹（竹与祝同音，寓意百岁志喜、百寿安康）、天竹（喻天祝，寓意天祝平安、天祝升平）；在瑞果类中，常用桃子（常称寿桃，象征寿）、石榴（象征福，有榴开百子之说）；在异兽类中，常选用龙（王、权威、吉祥的象征）、狮（狮与师、诗同音，象征权势和诗书传家）、鹿（鹿禄同音）；在鱼藻类中，喜用鲤鱼（鲤与礼同音，鱼与裕谐音，寓意腾达、富裕）、鳜鱼（鳜与贵音）。另外，这种祥瑞题材在约定俗成中，形成一整套特有的具有象征意义的纹样体系，如莲生贵子（婴儿抱莲花）、福寿双全（蝙蝠寿字）、竹报平安（小儿放爆竹）、吉祥如意（小儿骑白象执如意）、喜上眉梢（梅花喜鹊）、福在眼前（蝙蝠、喜鹊）、六合同春（鹿鹤、梅花）、麒麟送子（小儿骑麒麟）、连年有余（莲花、鱼）、五子登科（五小儿）、天官赐福（天宫、蝙蝠）、五福捧寿（五蝙蝠围寿字）、多福多寿（一群蝙蝠、一堆桃）、福寿（老人骑鹿持桃）、麻姑献寿（麻姑担桃篮）、鱼跳龙门、丹凤朝阳（凤凰、太阳）、龙凤呈祥（龙、凤）。

祥瑞意识的产生，也是很久远的事了。早在商周时代，就有凤凰的造型出现于殷商玉器上。传说，当商纣王将亡、周文王将兴之时，人们用凤凰将临表示贤王要临世的美好愿望，"凤鸣岐山"的记载，便是这种传说的反映。

中国古代社会以血缘关系为单位并以此为基础结成相应的故乡，因此企求光宗耀祖、门庭昌盛、富贵荣华便成了一个普遍的社会心理。在祥瑞题材中有许多这样的内容。祥瑞题材的产生，与先民对自然崇拜的原始信仰有着密切关系。像某些云气纹样和鱼纹等的出现，与对大自然的颂赞有着密切关系。祥禽瑞兽的出现，也是我们人民抚爱万物、与万物同其节奏的一种反映。

祥瑞题材的产生就是一种民族心理的表现，也是一种民族文化和民族哲学。对中国民族心理和文化影响最大的是儒家哲学。儒家是讲天人合一的，认为人与自然的关系不是一种对立的关系，而是一种亲和的关系，赋予花、鸟、虫、鱼、兽等以祥瑞寓意，便是这种亲和关系的表现。

另外，像瑞鸟、哪吒闹海、龙舟、女寿星等，在瓷都景德镇的瓷器中也是经常表现的题材。

陶瓷艺术还广泛地关注社会生活、社会现象及广袤的大自然，并有非常鲜明的贴近现实、亲和自然的理性品格。

所以，要欣赏陶瓷艺术，就需要了解中国的哲学、宗教和民族心理，也要有一定的文化、音乐、舞蹈等艺术修养。否则，是很难把握住陶瓷艺术的审美特性的。

5. 景德镇陶瓷

以瓷都闻名天下的景德镇位于江西省的东北部，毗邻浙江、安徽，是我国有名的历史文化名城。景德镇同时也位于"五山两湖"（黄山、庐山、龙虎山、三清山、九华山、千岛湖、鄱阳湖）风景区的中心，是我国的著名旅游景点之一。景德镇以瓷器著称，至今已有 *1700* 多年的制瓷历史，其名称来历与瓷器息息相关：北宋真宗景德年间（公元 1004—1007 年），由于该地烧制的精美御瓷获真宗赞赏，瓷器上底款书"景德年制"，于是"天下咸称景德镇"，景德镇由此得名，并且名扬天下。千百年来，景德镇陶瓷艺术成为中国和世界艺术宝库中一颗灿烂夺目的明珠。

白如玉、薄如纸、声如磬、明如镜，这是景德镇瓷器的真实写照。历史上，景德镇的艺术陶瓷是根据宫廷画家设计好的画面、图案或根据民间沿袭下来的优秀图案，由专门的画工将其复制在胚胎瓷器上再经过烧制而成。由于品质佳，在唐、宋、元、明、清，景德镇便是皇宫用瓷的生产基地。瓷器从一产生便得到了很快的发展，尤其到了明代，景德镇便已成为全国的制瓷业中心，所产瓷器不仅受到国人的青睐，而且还远涉重洋到了海外，同样受到热烈欢迎。

景德镇是享誉世界的"瓷都"，地处黄山余脉怀玉山脉与鄱阳湖平原过渡地带，是典型的江南红壤丘陵区。地势由东北向西南倾斜，东北和西北部多山，群峰林立，岗峦重迭，最高峰海拔达 1 618 m，东南、西南部多丘陵和平原，海拔多在 200 m 以下，地势较为舒缓。境内河川交错，北部昌江、南部乐安河纵贯全境，属长江流域鄱阳湖水系。

景德镇四季分明，属亚热带季风性湿润气候。全年日照充足，雨量丰沛，无霜期长，适宜各种植物和农作物的生长。自然资源丰富，矿藏资源中在全省名列前茅的有瓷土、沙金、煤、锰、石灰石、大理石、海泡石等。其中储量之丰、品质之优，首推瓷土，虽经千余年开采，就目前已探明的储量仍可开采 300 余年；锰的储量也较为丰富，是全国已探明的四大锰矿之一；金、大理石、石灰石等也具有较高的工业开采价值。

"新平冶陶，始于汉世"。到明代时，景德镇更是"集天下名窑之大成，汇各地良工之精华"，发展成为全国制瓷业中心。所产瓷器"行于九域，施及外洋"，海上"陶瓷之路"成为东西方文化交流的重要途径，与陆上"丝绸之路"交映生辉。

6. 汝窑

为宋代"五大名窑"之一。过去一直以为汝窑窑址在临汝县境内，然而考古工作者在河南临汝进行了大量调查和发掘工作后，仍然是"踏破铁鞋无觅处"。1986 年底，考古工作者再一次进行实地调查，终于在与临汝相邻的宝丰县大营镇清凉寺发现了汝窑窑址，并出土了宫廷使用的完整瓷器 22 件，从而揭开了汝宫瓷之谜。宝丰县在宋时属汝州，故名汝窑。

汝窑是宋代为满足宫廷特殊需要而设立的窑场，又称汝官窑。陆游《老学庵笔记》内曾有"故都时，定窑不入禁中，惟用汝器"的记载。南宋人周辉的《清波杂志》云："汝窑宫中禁烧，内有玛瑙为釉，唯供御拣退，方许出卖，近尤难得。"北宋出现"弃定用汝"，可能与宋徽宗赵佶个人的审美观有关。因为他信奉道教，自称"教主道君皇帝"，青色的幽玄，正合徽宗之意，史籍中曾有赵佶作青词的多种记载。"弃定用汝"正是这种崇尚青色的审美观的反映。

汝窑的特点是胎质细腻，俗称"香灰胎"。釉色天青，开有细小纹片，通体施釉，底部有用细钉支烧的痕迹。

传世的汝窑器常见器型有碗、盘、洗、瓶、尊等日用品。盘有大小深浅之区分，以卷足者为多，也有的卧足。洗有敞口和直口两种，前者圈足外卷，后者口与底垂直，至近底处则为内敛平底，其中有椭圆形的四足洗，这类洗在其他窑尚未见过。汝窑制品素身多，极少以花纹作装饰，造型端庄，釉色晶莹似玉。

汝窑的烧制时间短，一直都作为贡品，所以民间流传甚少，南宋时已属"难得"之物，视为珍品。清雍正前后有仿汝器出现，然而仿造者只重釉色，胎骨呈白色，造型也不及宋时古雅大方。

为了区别宝丰和临汝两地产品，现称宝丰县大营镇清凉寺为汝窑或汝官窑，而后者称为临汝窑。

7. 青花瓷

青花瓷又称白地青花瓷器，它是用含氧化钴的钴矿石为原料，在陶瓷坯体上描绘纹饰，再罩上一层透明釉，经高温还原焰一次烧成。钴料烧成后呈蓝色，具有着色力强、发色鲜艳、烧成率高、呈色稳定的特点。目前发现最早的青花瓷标本是唐代的，成熟的青花瓷器出现在元代，明代青花成为瓷器的主流，清康熙时发展到了顶峰。明清时期，还创烧了青花红彩、孔雀绿釉青花、豆青釉青花、青花红彩、黄地青花、哥釉青花等品种。

8. 唐青花瓷

唐代的青花瓷器是处于青花瓷的滥觞期。现在能见到的标本有20世纪70—80年代扬州出土的青花瓷残片二十余片，香港冯平山博物馆收藏的一件青花条纹复，美国波士顿博物馆收藏的一件花卉纹碗，丹麦哥本哈根博物馆收藏的一件鱼藻纹罐，南京博物院收藏的一件点彩梅朵纹器盖。通过对扬州出土瓷片的胎、釉、彩进行研究，并对唐代巩县窑的物质和技术条件进行分析，初步断定唐青花的产地是河南巩县窑。近年来在巩县窑窑址出土了少量青花瓷标本，由此进一步确认了唐青花的产地就在河南巩县窑。

从扬州出土的青花瓷片来看，其青料发色浓艳，带结晶斑，为低锰低铁含铜钴料，应是从中西亚地区进口的钴料。胎质多粗松，呈米灰色，烧结度较差。底釉白中泛黄，釉质较粗。胎釉之间施化妆土。器型以小件为主，有复、碗、罐、盖等。纹饰除丹麦哥本哈根博物馆收藏的鱼藻纹罐以外，其余的均为花草纹。其中，花草纹又分两大类，一类是典型的中国传统花草，以石竹花、梅花等小花朵为多见；另一类是在菱形等几何图形中夹以散叶纹，为典型的阿拉伯图案纹饰。从这一点看来，并结合唐青花出土较多的地点（扬州为唐代重要港口），可证明唐青花瓷器主要供外销。

9. 宋青花瓷

唐青花经过初创期以后，并没有迅速发展起来，而是走向了衰败。到目前为止，我们能见到的宋青花只有从两处塔基遗址出土的十余片瓷片。一是 1957 年发掘于浙江省龙泉县的金沙塔塔基，共出土 13 片青花碗残片。该塔的塔砖上有绝对纪年北宋"太平兴国二年"（977 年）。另一处是 1970 年在浙江省绍兴市环翠塔的塔基，出土了一片青花碗腹部的残片。该塔塔基出土的塔碑证明此塔建于南宋咸淳元年（1265 年）。

这十余片宋青花瓷片，都是碗的残片。胎质有的较粗，有的较细。纹饰有菊花纹、圆圈纹、弦纹、线纹等。青花发色前一处的较浓、发黑，后一处的较淡。发色较黑者，应是外罩透明釉太薄的缘故。浙江省本身就有着丰富的钴土矿，这些青花瓷应该就是使用了本地的钴料。它们与唐青花并无直接的延续关系。

10.元青花瓷

成熟的青花瓷出现在元代的景德镇。

元青花瓷的胎由于采用了"瓷石＋高岭土"的二元配方，使胎中的 Al_2O_3 含量增高，烧成温度提高，焙烧过程中的变形率减少。多数器物的胎体也因此厚重，造型厚实饱满。胎色略带灰、黄，胎质疏松。底釉分青白和卵白两种，乳浊感强。其使用的青料包括国产料和进口料两种：国产料为高锰低铁型青料，呈色青蓝偏灰黑；进口料为低锰高铁型青料，呈色青翠浓艳，有铁锈斑痕。在部分器物上，也有国产料和进口料并用的情况。器型主要有日用器、供器、镇墓器等类，尤以竹节高足杯、带座器、镇墓器最具时代特色。除玉壶春底足荡釉外，其他器物底多砂底无釉，见火石红。

元青花的纹饰最大特点是构图丰满，层次多而不乱。笔法以一笔点划多见，流畅有力，勾勒渲染则粗壮沉着。主题纹饰的题材有人物、动物、植物、诗文等。人物有高士图（四爱图）、历史人物等；动物有龙凤、麒麟、鸳鸯、游鱼等；植物常见的有牡丹、莲花、兰花、松竹梅、灵芝、花叶、瓜果等；诗文极少见。所画牡丹的花瓣多留白边；龙纹为小头、细颈、长身、三爪或四爪、背部出脊、鳞纹多为网格状，矫健而凶猛。辅助纹饰多为卷草、莲瓣、古钱、海水、回纹、朵云、蕉叶等。莲瓣纹形状似"大括号"，莲瓣中常绘道家杂宝；如意云纹中常绘海八怪或折枝莲花、缠枝花卉，绘三阶云；蕉叶中梗为实心（填满青料）；海水纹为粗线与细线描绘相结合。

11. 明清青花瓷

　　明清时期是青花瓷器达到鼎盛又走向衰落的时期。明永乐、宣德时期是青花瓷器发展的一个高峰，以制作精美著称；清康熙时以"五彩青花"使青花瓷发展到了巅峰；清乾隆以后因粉彩瓷的发展而逐渐走向衰退，虽在清末（光绪）时一度中兴，最终无法延续康熙朝的盛势。总的来说，这一时期的官窑器制作严谨、精致；民窑器则随意、洒脱，画面写意性强。从明晚期开始，青花绘画逐步吸收了一些中国画绘画技法的元素。

第九章

学生书法收藏活动指导

1.书法的种类

篆体，篆体是流行于汉代以前的书体。广义的篆体包括甲骨文、金文、大篆、小篆。就目前所能见到的文字资料来看，甲骨文是最古老的文字，大约通行于距今三千几百年前的殷商时期。现今流传的都是当时刻（或写）于龟甲、兽骨上的遗物，故名甲骨文。金文是殷商至战国（即距今三千几百年至距今两千几百年前）使用的文字，因其留传下来的多铸、刻在钟、鼎、彝器等青铜器上，故又称为"钟鼎文"。大篆也称籀文，传说是周宣王时太史范所创，被定为当时的正规书体，今存的石鼓文即大篆遗迹。小篆系在大篆基础上删繁变化而成，产生于秦代，故又称秦篆。

隶体，隶体创于秦代，定形并通行于汉代，至今仍被广泛应用。隶书又称"八分"，这是因其体势左右分开，与"八"字的两笔笔势相似，因而得名。隶体的分类过去常依它所含篆书成分的多少而定，含篆成分最多的为秦隶（秦分），其次为汉隶（汉分），再次为今隶。笔画潦草相连的又称草隶。

隶书古时又称真书，但与现在所说的真书专指正楷含义不同。

楷体，楷书又称真书、正书，创始于汉末魏初，至晋渐趋成熟，从此奠定了方块汉字的标准书体，成为历代学习书法必须遵循的楷模。

楷书按其书写特点的不同，可分为魏碑和唐碑两大类。魏碑多出自南北朝时期无名书家的碑刻，唐碑为唐代书家所书。唐代是楷书发展的鼎盛时期，出现了众多的楷书大家，最著名的有欧阳询、褚遂良、颜真卿、柳公权，他们的书体分别被称为"欧体""褚体""颜体""柳体"，深受人们的推崇和追慕，对后世影响极大。

行书体，创始于汉末，是介于草书和正楷之间的一种字体。它不像草书那样变化多端，也不像楷体那样端正。它既取草书的流动活泼之长，又取楷书的结体严谨和整齐之美。正如《艺概》所说："盖行者真之捷而草之详"，其真草兼得其中。其中，楷法多于草法的叫行楷，草法多于楷法的叫行草。与楷书相比，行书的行笔速度稍快，点画间出现了相连带的牵丝，楷书中书写成方角的地方，行书中有的则变成弧线和圆角。正因为行书兼有楷、草二种书体之长，因而从其创始至今，一直受到人们的广泛喜爱，成了应用最广泛的书体。

2. 书法的历史阶段

史前至夏——混沌萌生的书法

中国的书法艺术开始于汉字的产生阶段，"声不能传于异地，留于异时，于是乎文字生。文字者，所以为意与声之迹。"因此，产生了文字。书法艺术的第一批作品不是文字，而是一些刻画符号——象形文字或图画文字。

汉字的刻画符号，首先出现在陶器上。最初的刻画符号只表示一个大概的混沌的概念，没有确切的含义。

距今八千多年前，黄河流域出现了磁山、裴李岗文化，在裴李岗出土的手制陶瓷上，有较多的符号，这种符号是先民的交际功能、记事功能与图案装饰功能的混沌结合，这些虽不是真正的汉字，但确是汉字的雏形。

紧接着，距今约六千年前的仰韶文化的半坡遗址，出土了有一些类似文字的简单刻画的彩陶。这些符号已区别于花纹图案，把汉文字的发展又向前推进了一步。这可以说是中国文字的起源。

接着有二里头文化和二里岗文化。二里头文化考古发掘中发现有刻画记号的陶片，其记号共有二十四种，有的类似殷墟甲骨文字，都是单个独立的字。二里岗文化已发现有文字制度。这里曾发现过三个有字的骨头，两件各一个字，一件十个字，似为练习刻字而刻。

这使得文明向前又迈进了一大步。

原始文字的起源，是一种模仿的本能，用于形象某个具体事物。尽管简单而又混沌，但它已经具备了一定的审美情趣。这种简单的文字因此可以称为"史前的书法"。

至西汉——浑然入序的书法

从夏商周，经过春秋战国，到秦汉王朝，二千多年的历史发展也带动了书法艺术的发展。这个时期内各种书法体相续出现，有甲骨文、金文、石刻文、简帛朱墨手迹等，其中篆书、隶书、草书、楷书等字体在数百种杂体的筛选淘汰中定型，书法艺术开始了有序发展。

各种书法体简介

1. 甲骨文

古汉字一种书体的名称，也是现存中国最古老的文字。刻在甲骨上，先用于卜辞（殷代人用龟甲、兽骨占卜。占卜后把占卜时期、占卜者的名字、所占卜的事情用刀刻在卜兆的旁边，有的还把过若干日后的吉凶应验也刻上去。学者称这种记录为卜辞），是对未来事情结果的占卜，盛于殷商。甲骨文发现于 *1889* 年，是殷商晚期王室占卜时的记录，发现于河南省安阳小屯村一带，距今已 *3000* 多年。甲骨文是中国书法史上的第一块瑰宝，其笔法已有粗细、轻重、疾徐的变化，下笔轻而疾，行笔粗而重，收笔快而捷，具有一定的节奏感。笔画转折处方圆皆有，方者动峭，圆者柔润。其线条比陶文更为和谐流畅，为中国书法特有的线的艺术奠定了基调和韵律。甲骨文结体长方，奠定汉字的字型。甲骨文的结体随体异形，任其自然。其章法大小不一，方圆多异，长扁随形，错落多姿而又和谐统一。后人所谓参差错落、穿插避让、朝揖呼应、天覆地载等汉字书写原则，在甲骨文上已经大体具备。

2. 金文

古汉字一种书体的名称。商、西周、春秋、战国时期铜器上铭文字体的总称。兴盛于周代。金文为中国书法史上的又一丰碑。依附于青铜器，铸鼎意在"使民知神奸"故是一种宗教祭祀的礼器。金文也被称为钟鼎文、器文、古金文。和青铜器一起铸成的铭文线条较甲骨文更为粗壮有力，文字的象形意味也更为浓重。最早的金文见于商代中期出土的青铜器上，资料虽不多，年代都比殷墟甲骨文早。周代是金文的黄金时代，出土铭文最多。

此时期主要作品有：《利簋》《天亡簋》《大盂鼎》《墙盘》《散氏盘》《虢季子白盘》。尤以《司母戊鼎》《散氏盘》《毛公鼎》最为著名，艺术成就也最高。

3. 石刻文

石刻文产生于周代，兴盛于秦代。东周时期秦国刻石文字。在10块花岗岩质的鼓形石上，各刻四言诗一首，内容歌咏秦国君狩猎情况，故又称猎碣。传说中的最早的石刻是夏朝时的《岣嵝碑》，刻诗文体格调与《诗经》大雅、小雅相近。字体近于《说文解字》所载籀文，历来对其书法评价甚高。主要作品有：《石鼓文》《绎山石刻》《泰山石刻》《琅琊石刻》《会稽石刻》等。

4. 简帛墨迹

书法艺术最重真迹，但秦汉以前的书法真迹一般只有在简帛盟书中才能见到。古代的简册以竹质为主，编简的绳用牛筋、丝线、麻绳。考古发现最早的简帛墨迹，有湖北云梦出土的秦简，山西侯马出土的战国盟书（盟书即写于石策或玉策上的文字），长沙马王堆出土的战国帛书。中国书法经甲骨文、金文，至春秋战国时期，由于诸侯割据，因此殷商以来的文字，在各诸侯国走上了不同的发展道路。这一时期，书法的形态和技巧也呈现了一种百家争鸣的局面。例如，北方晋国的"蝌蚪文"，吴、越、楚、蔡等国的"鸟书"，笔画多加曲折和拖长尾。春秋战国时期的金文已不似西周金文那种浓厚的形态，替之以修长的体态，显示出一种圆润秀美，如《攻吴王夫差鉴》。

这时期留存的大量墨迹为简、帛、盟书等。

开创先河的秦代书法

春秋战国时期，各国文字差异很大，是发展经济文化的一大障碍。秦始皇统一国家后，丞相李斯主持统一全国文字，这在中国文化史上是一伟大功绩。秦统一后的文字称为秦篆，又叫小篆，是在金文和石鼓文的基础上删繁就简而来。著名书法家李斯主持整理出了小篆。《绎山石刻》《泰山石刻》《琅琊石刻》《会稽石刻》即为李斯所书，历代都有极高的评价。秦代是继承与创新的变革时期。《说文解字序》说："秦书有八体，一曰大篆，二曰小篆，三曰刻符，四曰虫书，五曰摹印，六曰署书，七曰书，八曰隶书。"基本概括了此时字体的面貌。由于秦之小篆，篆法苛刻，书写不便，于是隶书出现了。"隶书，篆之捷也"。其目的就是书写方便。到了西汉，隶书完成了由篆书到隶书的蜕变，结体由纵势变成横势，线条波磔更加明显。隶书的出现是汉字书写的一大进步，是书法史上的一次革命，不但使汉字趋于方正楷模，而且在笔法上也突破了单一的中锋运笔，为以后各种书体流派奠定了基础。秦代除以上书法杰作外，尚有诏版、权量、瓦当、货币等文字，风格各异。秦代书法，在我国书法史上留下了辉煌灿烂的一页，气魄宏大，堪称开创先河。

求度追韵——东汉至南北朝

1.两汉书法

两汉书法分为两大表现形式，一为主流系统的汉石刻；一为次流系统的瓦当玺印文和简帛盟书墨迹。"后汉以来，碑碣云起"是汉隶成熟的标记。在摩崖石刻中（刻在山崖上的文字）尤以《石门颂》等最为著名，书法家视为"神品"。与此同时蔡邕的《熹平石经》达到了恢复古隶，胎息楷则的要求。碑刻是体现时代度与韵的最主要的艺术形式，以《封龙山》《西狭颂》《孔宙》《乙瑛》《史晨》《张迁》《曹全》诸碑尤为后人称道仿效。可以说，每碑各出一奇，莫有同者。

北书雄丽，南书朴古，体现了"士""庶"阶层的不同美学追求。至于瓦当玺印、简帛盟书则体现了艺术性与实用性的联姻。

书法艺术的繁荣期，是从东汉开始的。东汉时期出现了专门的书法理论著作，最早的书法理论提出者是东西汉之交的扬雄。第一部书法理论专著是东汉时期崔瑗的《草书势》。

汉代书法家可分为两类：一类是汉隶书家，以蔡邕为代表；一类是草书家，以杜度、崔瑗、张芝为代表，张芝被后人称为"草圣"。

最能代表汉代书法特色的，莫过于是碑刻和简牍上的书法。东汉碑刻林立，这一时期的碑刻，以汉隶刻之，字型方正，法度谨严、波磔分明。此时隶书已登峰造极。

汉代创兴草书，草书的诞生，在书法艺术的发展史上有着重大意义。它标志着书法开始成为一种能够高度自由地抒发情感、表现书法家个性的艺术。草书的最初阶段是草隶，到了东汉时期，草隶进一步发展，形成章草，后由张芝创立了今草，即草书。

2. 魏晋南北朝书法艺术

（1）三国时期

三国时期，隶书开始由汉代的高峰地位降落衍变出楷书，楷书成为书法艺术的又一主体。楷书又名正书、真书，由钟繇所创。正是在三国时期，楷书进入刻石的历史。三国（魏）时期的《荐季直表》《宣示表》等成了雄视百代的珍品。

（2）两晋时期

晋时，在生活处事上倡导"雅量""品目"，艺术上追求中和居淡之美，书法大家辈出，简牍多为"二王"（王羲之、王献之）所作。妍放疏妙的艺术品味迎合了士大夫的要求，人们愈发认识到，书写文字，还有一种审美价值。最能代表魏晋精神，在书法史上最具影响力的书法家当属王羲之，人称"书圣"。王羲之的行书《兰亭序》

被誉为"天下第一行书"论者称其笔势"以为飘若浮云，矫若惊龙"，其子王献之的《洛神赋》字法端劲，所创"破体"与"一笔书"为书法史一大贡献。加以陆机、卫瓘、索靖、王导、谢安、鉴亮等书法世家之烘托，南派书法相当繁荣。南朝宋之羊欣、齐之王僧虔、梁之萧子云、陈之智永皆步其后尘。

两晋书法最盛时，主要表现在行书上，行书是介于草书和楷书之间的一种字体。其代表作"三希"，即《伯远帖》《快雪时晴帖》《中秋帖》。

（3）南北朝时期

南北朝时期，中国书法艺术进入北碑南帖时代。

北朝碑刻书法，以北魏、东魏最精，风格多姿多彩。代表作有《张猛龙碑》《敬使君碑》。碑帖之中代表作有《真草千字文》。北朝褒扬先世，显露家业，刻石为多，清如北碑南帖、北楷南行、北民南土、北雄南秀皆是其特异之处。

如论南北两派之代表作，则是南梁《鹤铭》、北魏《郑文公碑》，可谓"南北双星"。北派书写者多为庶人，书不具名，故书法史称北魏书法为民间书法，若以名而论，当推郑道昭父子为一时冠冕，被誉为"书中之圣"、北派王右军。

求规隆法——隋唐五代

1.隋朝书法

隋结束南北朝的混乱局面，统一中国，和之后的唐都是较为安定的时期，南帖北碑之发展至隋而混合同流，正式完成楷书之形式，居书史承先启后之地位。隋楷上承两晋南北朝沿革，下开唐代规范的新局。隋有碑版遗世，多为真书，分四种风格：

（1）平正淳和，如丁道护的《启法寺碑》等；

（2）峻严方饬，如《董美人墓志铭》等；

（3）深厚圆劲，如《信行禅师塔铭》等；

（4）秀朗细挺，如《龙藏寺碑》等。

2.唐朝书法

唐代文化博大精深、辉煌灿烂，达到了中国封建文化的最高峰，可谓"书至初唐而极盛"。唐代墨迹流传至今者也比前代多，大量碑版留下了宝贵的书法作品。整个唐代书法，对前代既有继承又有革新。楷书、行书、草书发展到唐代都跨入了一个新的境地，时代特点十分突出，对后代的影响远远超过了以前任何一个时代。

唐初，国力强盛，书法从六朝遗法中蝉蜕而出。楷书大家以欧阳询、虞世南、褚遂良、薛稷四家为书法主流。总特点结构严谨整洁，故后代论书有"唐重间架"之说，一时尊为"翰墨之冠"。延至盛唐歌舞升平，儒道结合，李邕变右军行法，独树一帜；张旭、怀素以癫狂醉态将草书表现形式推向极致，孙过庭草书则以儒雅见长；贺知章、李隆基力创真率夷旷，风骨丰丽之新境界。而颜真卿一出，纳古法于新意之中，生新法于古意之外。董其昌谓唐人书取法，鲁公大备，到晚唐五代，国势转衰，沈传师、柳公权再变楷法，以瘦劲露骨自矜，进一步丰富了唐楷之法。到了五代，杨凝式兼采颜柳之长。上朔"二王"，侧锋取态，铺毫着力，遂于离乱之际独饶承平之象，也为唐书之回光。五代之际，狂禅之风大炽，此亦影响到书坛，"狂禅书法"虽未在五代一显规模，然对宋代书法影响不小。

唐代书法艺术，可分初唐、中唐、晚唐三个时期。初唐以继承为主，尊重法度，刻意追求晋代书法的劲美。中唐不断创新，极为昌盛。晚唐书艺也有进展。

唐代最高学府有六种，即国子监、太学、四门学、律学、书学、算学。其中书学，专门培养书法家和书法理论家，是唐代的创举。历朝名家辈出，灿若繁星。例如，初唐的欧阳询、虞世南、褚遂良等，中唐的颜真卿、柳公权等，都是书法大家。晚唐有王文秉的篆书，李鹗的楷书和杨凝式的"二王颜柳"余韵。

3. 隋唐五代书法阶段

（*1*）隋至唐初

隋统一中国，将南北朝文化艺术相容包蓄，至唐初，政治昌盛，书法艺术逐渐从六朝的遗法中蝉蜕出来，以一种新的姿态显现出来。唐初以楷书为主流，总特点是结构谨严整饬。

（*2*）盛唐、中唐阶段

盛唐时期书法，如当时的社会形态，追求一种浪漫忘形的方式。如"颠张醉素"（张旭、怀素）之狂草，李邕之行书。到了中唐，楷书再度有新的突破。以颜真卿为代表为楷书奠定了标准，树立了楷模，形成正统。至此中国书法文体已全部确定下来。

（*3*）晚唐五代阶段存唐遗风

907 年，朱全忠灭唐，建立后梁，由此历后唐、后晋、后汉、后周，称五代。由于国势衰弱和离乱，文化艺术也呈下坡之势。书法艺术虽承唐末之余续，但因兵火战乱的影响，形成凋落衰败的总趋势。五代之际，在书法上值得称道的，当推杨凝式。他的书法在书道衰微的五代，可谓中流砥柱。另外，还有李煜、彦修等有成就的书家。至此，唐代平正严谨的书风已告消歇，以后北宋"四家"继之而起，又掀起了新的时代波澜。

尚意宣情——宋至明中

1. 宋朝的书法

宋朝书法尚意，此乃朱大倡理学所致，意之内涵，包含四点：一重哲理性，二重书卷气，三重风格化，四重意境表现，同时倡导书法创作中个性化和独创性。这些在书法上有所体现，如果说隋唐五代的尚法，是求"工"的体现，那么到了宋代，书法开始以一种尚意抒情的新面目出现在世人面前。这就是要墀书家除具有"天然""工夫"两个层次外，还需具有"学识"即"书卷气"，北宋"四家"

一改唐楷面貌，直接晋帖行书遗风。

无论是天资极高的蔡襄和自出新意的苏东坡，还是高视古人的黄庭坚和萧散奇险的米芾，都力图在表现自己的书法风貌的同时，凸现出一种标新立异的姿态，使学问之气郁郁芊芊发于笔墨之间，并给人以一种新的审美意境，这在南宋的吴说、赵佶、陆游、范成大、朱熹、文天祥等书家中进一步得到延伸，然南宋书家的学问和笔墨功底已不能和北宋"四家"相比了。宋代书法家代表人物是苏轼、黄庭坚、米芾、蔡襄。

2. 元代书法艺术。

元初经济文化发展不大，书法总的情况是崇尚复古，宗法晋、唐而少创新。虽然在政治上元朝是异族统治，然而在文化上却被汉文化所同化，与宋不拘常法的意境追求不同，元朝之意表现为刻意求工的开式美的追求，所以苏轼标榜的是"我书意造本无法"，赵孟頫鼓吹的是"用笔千古不易"。前者追求率意之意，后才强调有意之意。元朝书坛的核心人物是赵孟頫，他所创立的楷书"赵体"与唐楷之欧体、颜体、柳体并称"四体"，成为后代临摹的主要书体，由于赵孟頫的书法思想绝对不逾越"二王"一步，所以他的书法对王派书法的精妙之处颇有独到的领悟，表现为"温润闲雅""秀研飘逸"的风格面貌，这也和他信佛教，审美观趋向飘逸的超然之态，获得一种精神解脱有一定联系。在元朝书坛享有盛名的还有鲜于枢、邓文原，虽然成就不及赵孟頫，然在书法风格上也有自己独到之处。他们主张书画同法，注重结字的体态。

纵观元代书法，其特征是"尚古尊帖"，其成就大者还在行草书方面。至于篆隶，虽有几位名家，但并不怎么出色。这种以行草书为主流的书法，发展到了清代才得到改变。有元一代书风，仍沿宋习盛于帖学，宗唐宗晋，虽各有其妙，亦不能以一家之法立于书坛，较之文学、绘画等艺术门类，尚显冷落无成得多。

3. 明朝书法艺术

明朝书法的发展表现为三个阶段。

（1）第一阶段——明初

明初书法"一字万同""台阁体"盛行。沈度、沈粲兄弟推波助澜将工稳的小楷推向极致。"凡金版玉册，用之朝廷，藏秘府，颁属国，必命之书"，二沈书法被推为科举楷则。明初书法家有擅行草书的刘基、工小楷的宋濂、精篆隶的宋遂和名满天下的章草名家朱克，以及祝允明、文征明、王宠"三子"。

（2）第二阶段——明中

明中期吴中四家崛起，书法开始朝尚态方向发展。祝允明、文征明、唐寅、王宠四子依赵孟頫而上通晋唐，取法弥高，笔调亦绝代，这和当时思想观念的开拓解放有关，书法开始迈入倡导个性化的新境域。

（3）第三阶段——明末

晚明书坛兴起一股批判思潮，书法上追求大尺幅，震荡的视觉效果，侧锋取势，横涂竖抹，满纸烟云，使书法原先的秩序开始瓦解。这些代表书家有张瑞图、黄道周、王铎、倪元璐等。而帖学殿军董其昌仍坚持传统立场。

抒情扬理——明末至清

明末与清，美学主潮以抒情扬理为旗帜，追求个性与发扬理性互相结合，正统的古典美学与求异的新型美学并盛。清代书法的总体倾向是尚质，同时分为帖学与碑学两大发展时期。

明末书坛放浪笔墨、狂放不羁、愤世嫉俗的风气在清初进一步延伸，如朱傅山等人的作品仍表现出自我内在的生命和一种不可遏止的情绪表现。这一点在清中期"扬州八怪"的身上又一次复现。与此同时，晚明的帖学传统也进一步光大发扬，姜英、张照、刘墉、王文治、梁同书、翁方纲等人在刻意尊传统的时候，力图表现出新面貌，或以淡墨书写，或改变章法结构等。但由于帖学长时期传承，未有很好地加以清理、认识、调整，某种积弊也日益加深，这就使帖学的颓势不可避免地出现了。

此时，金石出土日多，士大夫从热衷于尺牍转而从事金石考据之学，一时朝野内外，学碑者趋之若鹜，最后成为清朝书坛的发民主流，加之阮元、包世臣、康有为大力张扬，碑学作为一种与帖学相抗衡的书学系统而存在。当时著名的书家如金农、邓石如、何绍基、赵之谦、吴昌硕、张裕钊、康有为等纷纷用碑意写字作画，达到了尽性尽理、璀璨夺目的境地，可谓中国书法文化的一大景观。如果说帖学家力图寻找质的愿望没有实现的话，那么这种愿望在碑学那里实现了。

现代时尚——今天的书法

在书坛走向多元化的今天，书法艺术升华到观念变革的高层次，这无疑是迈了一大步。书法现代性并不是简单地取决于书法艺术的形式、结构、线条等外在面貌，而是取决于内在精神的现代化。书法现代性的精神是指当代书法艺术所体现、传导的现代社会的价值趋向。

3. 书法的简史

中国五千年璀璨的文明及无与伦比的丰富文字记载都已为世人所认可，在这一博大精深的历史长河中，中国的书画艺术以其独特的艺术形式和艺术语言再现了这一历史性的嬗变过程。而具有姊妹性质的书画艺术在历史的嬗变中又以其互补性和独立性释读了中国的传统文化内涵。由于书、画创作所采用的工具与材料具有一致性。《历代名画记》中谈论古文字、图画的起源时说："是时也，书、画同体而未分，象制肇创而犹略，无以传其意，故有书；无以见其形，故有画"。书画虽然具有同源的可比性，但以后的发展状况是以互补的独立性发展变化的。中国书法艺术的形成、发展与汉文字的产生与演进存在着密不可分的连带关系。那么究竟什么是"书法"呢？我们可以从它的性质、美学特征、源泉、独特的表现手法方面去理解。书法是以汉字为基础、用毛笔书写的、具有四维特征的抽象符号艺术，它体现了万事万物的"对立统一"这个基本规律，又反映了人作为主体的精神、气质、学识和修养。

中国文字起源甚早，把文字的书写性发展到一种审美阶段——融入了创作者的观念、思维、精神，并能激发审美对象的审美情感（也就是一种真正意义上的书法的形成）。有记载可考者，当在汉末魏晋之间（大约公元 2 世纪后半期至 4 世纪），然而，这并不是忽视、淡化甚至否定先前书法艺术形式存在的艺术价值和历史地位。中国文字的滥觞，初具艺术性早期作品的产生，无不具有自身的特殊性和时代性。就书法而言，尽管早期文字——甲骨文，还有象形字，存在同一字的繁简不同，笔画多少不一的情况，但已具有了对称、均衡的规律，以及用笔（刀）、结字、章法的一些规律性因素。而且，在线条的组织，笔画的起止变化方面已带有墨书的意味，笔致的意义。因此可以说，先前书法艺术的产生、存在，不仅属于书法史的范畴，而且也是后代的艺术形式发展、嬗变中可以借鉴与思考的重要范例。

中国的历史文明是一个历时性、线性的过程，中国的书法艺术在这样大的时代背景下展示着自身的发展面貌。在书法的萌芽时期（殷商至汉末三国），文字由甲骨文、古文（金文）、大篆（籀文）、小篆、隶（八分）、草书、行书、真书等阶段，依次演进。在书法的明朗时期（晋南北朝至隋唐），书法艺术进入了新的境界。由篆隶趋从于简易的草行和真书，它们成为该时期的主流风格。大书法家王羲之的出现使书法艺术大放异彩，他的艺术成就传至唐朝倍受推崇。同时，唐代一群书法家蜂拥而起，如虞世南、欧阳询、褚遂良、颜真卿、柳公权等大名家，在书法造诣上各有千秋，风格多样。

唐代的书法理论在三国、两晋、南北朝基础上更加精密、完善。例如，孙过庭的《书谱》、张怀瓘的《书断》《书仪》及张彦远的《法书要录》都被后人奉为准则，对后世书论的创作产生了深远影响。五代、宋、辽、金、元的书法是对晋、唐时期书法的追溯与继承，这一时期由于战乱和政局不稳，呈现出复杂局面。书法家转向以书法抒发个人的情感意趣的轨道。出现了北宋的"宋四家"，元代的赵孟頫等名家。书法理论也获得了发展,出现了《墨池篇》《书史》《宣和书谱》《翰墨志》《广川书跋》《法书考》《翰林要决》等理论著作。给当时及后世书法家的艺术创作提供了参考的文样和理论的指导。

明代书法艺术基本上是继宋、元帖学书法而加以发展。而今人论及清代书法时,每以"帖学""碑学"划分为前后两期,大致以嘉庆、道光之际为分期点。也就是以 19 世纪 20 年代以前为帖学时期,之后为碑学时期。这种划分是否合理另当别论。不过,宋元之后,以"二王"书学为中心的所谓碑帖学时代,至今已转入最低潮,而学习汉魏以前的篆隶书法的则逐渐增长,当是无可否认的事实。这时也是名家辈出、各领风骚。而这时的书法理论比前代更有成就,《书筏》《艺舟双楫》《书概》《广艺舟双楫》等理论著作相继产生。

明清的书法作品如同绘画一样传世、遗留较多。当前市面上出现的也较多。中国的书法和绘画作品,至此从魏晋以来,一直被历代宫廷和民间作为艺术品珍藏起来,成为人们的精神食粮,但在流传中竟出现了作品的真赝问题,困惑着收藏家、鉴赏家。而在历史上也曾经有过赝品的官案。明清时,由于部分沿海城市的工商业先后发展起来,书画的需求便日渐增多,赝品制造便应运而声。什么"苏州片""河南造""湖南造""后门造",铺天盖地,无孔不入。这也是困扰收藏家、鉴赏家的难题所在。明清的作品虽然流传很多,但里面鱼目混珠、滥竽充数者也大有其作。因此,对当下艺术市场中的收藏家来说,购买、收藏这部分作品时应保持谨慎的态度。

4. 书法的作用

书法具有广泛的实用性

学书法最基本的活动是写字,而写字首要的目的是记事和交流感情,起码的要求是把字写得规范、整洁、清楚,使人看了乐于接受,如果把字写得杂乱无章,甚至随心所欲,胡乱造字,读者如释

"天书"，无法辨认，就失去了它的实用价值。有些人认为写字用毛笔不如用硬笔方便，硬笔完全可以代替毛笔，只有写毛笔字才学书法；有些人认为书法是"天才"的专利，"咱不是学书法的料"。特别是一些年岁稍高些的朋友，受"人过三十不学艺的"陈腐思想的束缚，认为学书法为时已晚。也有人认为书法极神秘，高深莫测，神不可征，形乃难表，好事难成。所有这些想法都是不可取的，因为只要写字就有法则可言，特别是有不少场合没有书法"门面"，绝对不行。例如，商标、广告、标语、对联、字画条幅等都离不开书法。不可否认，使用钢笔、圆珠笔及其他工具写字是方便快捷，但不管用什么工具写字其法则基本与使用毛笔相同，所以无论在何种方式写字都应该学习书法。关于学书法年龄问题，从幼年或少年开始学，无疑

优势很大，但上了年岁的人学书法，也有不少长处：有知识、有生活、有阅历、理解快、感受深、善抒发等。至于"天才"，是专指"有这种才能的人"，任何聪明智慧都是靠热情、勤奋和科学的学习换来的。"世上无难事，只要肯登攀"，"狠下一条心，不怕事不成"。有位书法家答学生问时几句短语很有教益，言简意明，回味无穷。问"什么年龄学书法最适合？"答："从识字起，任何年龄都适合。"问："我能成为书法家吗？"答："你认为你能——你准能！"学习书法和学习其他艺术一样，只要我们不怀疑自己的能力，有信心，有热情，加上方法得当，定会获得成功。千万不要被一些垄断者的玄学所吓倒。他们把书法说得神乎其神，传授抽象，舍本求末，昧于闭合圈内循环，贻误后学。其实，书法也像"窗户纸"，也是"一捅就破"。它的神韵可征，形象可表，技法可取，章法可达。"升堂入室"，望而可及。

书法具有艺术性

中国文字的点画、结构和形体与外文不同。它变化微妙，形态不一，意趣迥异。"通过点画线条的强弱、浓淡、粗细等丰富变化，以书写的内容和思想感情的起伏变化，以字形、字距和行间的分布，构成优美的章法布局，有的似玉龙琢雕，有的似奇峰突起，有的俊秀俏丽，有的气势豪放，这些都使书写文字带上了强烈的艺术色彩。"

书法已是民族艺术中一枝永开不败的鲜花，世人赏以欣慰，可从中领略其精神风度，心灵意境，生活情趣，审美追求，时代气息……这样一种观之激人感奋，聊以励精自慰的艺术，何乐而不为呢！

书法有益健康

"作书能养气，也能助气。"练书时，须绝虑疑神，全躯启动，力送毫端，注于纸上，抒胸中气，散心中郁。这样，对人的心理和生理方面都有一定的调节和锻炼作用，久而久之，可使人灵心焕发，畅达延年。临池泼墨，确属健身之功，只要持之以恒，锲而不舍，便可变"书法"为美妙的"养生之道"。

书法可陶冶情操

情操是感情和思维的综合，书法是一门学问，一种艺术。其美感来源于大自然，来源于生活，来源于社会实践，与其他事物有着密切的互为表里的联系。书法的特点、技巧、理论、表达意境极其广泛。"胸中有书，下笔不俗。"学习书法，对文学、哲学、美学、天文、地理、历史等知识无所不及。很显然，我们不能把书法简单地理解为就是写字。书法家吴善茂先生说得好："书法是写字，但写字不都是书法。"书法的内在规律决定了习书的严肃性。这就要求习书者必须具备良好的心理状态，以高度的学习热情，旺盛的进取精神科学的思维活动，俨然诚恳的态度来对待。必须勤奋不息，孜孜不倦，防止心血来潮，半途而废；必须深入生活，扩大视野，防止狂妄虚伪，恃才傲物；必须加强修养，拓宽意境，防止墨守成规，舍本逐末；必须丰富学识，博古通今，防止不求甚解，出乖露丑；必须贪恋欣赏，鉴往创新，防止陈陈相因，依然故我。否则，会虚度年华，将一事无成。总之，临池泼墨，快乐无涯，愿我们积人类之聪明才智于笔下生花吧！

5.书法的形式美和意境美

书法艺术形式是有意境的线条。予汉字以各种不同的书体的形

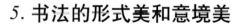

式美，它起于画卷，用笔墨系于字形、结构，成于整幅章法，是真钦可视的。高超的书法艺术作品，首先是形式美来感染人并促进人的进步，令人领悟抽象艺术的象外意趣。因此，形式美更美于特有的氛势神韵，并且有其内在特有的内涵和情趣。单纯的形式美在艺术领域里是不存在的，总得和一定的内涵美相互联系。内涵趣多，意境越深，艺术性则越强烈。

书法与诗画一样，既有形式也有意境。意境蕴含于形式美之中，形式美是境美产生的基础，这就是形式与意境既相互区别又相互依存的辩证关系。

因此，不能把书法艺术浅薄地看成仅仅有外形美，或者看成只有意境美。虽说书法艺术是"神采为上""形质次之"。但形质却是神采的基础，是内涵美的前提，故而王僧虔在《笔意赞》中说："书之妙道，神采为上，形质次之，兼之者方可绍于古人……必使心忘于笔，手忘于书，心乎达情，书不妄想，是谓求之不得，考之即彰。"

书法创作的最高境界是"心忘于笔，手忘于书，心手达情"，那么初学者在临摹的时候最高境界也当如此。要想达到这一点，则需要更多地在精神层次上去体会探求。

形式美来自书法者深厚的书法基本功，有天工神采之妙。因此，不应当也不可能舍形而只求神。

书法文字的可读性是综合性的。文字在早期抽象化发展进程中，曾陷入进退两难的窘境。过于的抽象化，使文字的空间造型语汇趋向贫乏、单一，在这种情形下文字为摆脱困境而不得不向绘画靠拢。由绘画渠道构成的文字形态，大约可分为三类："一是从图画直接引进、构成地道的象形文字；二是从上古的图腾、族徽造型受到启发而形成的象形文字；三是从祭祀庙膜而来的一些象形文字。"这是一个值得深入探讨的话题，在此由于篇幅问题不能展开。

书法要注意神采与表情，还要注意字形、颜色，否则，书法就不能称之为严格意义上的书法。

但是当前书法领域里的情况不容乐观，书法作为中华传统文化的代表，更要创新。不创新，书法将会停留在历史的脚步中。这是一个亟待解决的问题。

包世臣在《艺舟双楫》中说："形质成而性情成。"换句话说，性情是在形质成功基础之上的。张旭与怀素的狂草线条飞舞跌宕，但是再狂再草也能读出其中的词句。狂飞的线条，是书法家用来寄寓情感的基础和要素，而这种线条又是建立在文字符号基础之上的。

书法家的基本功要求书法家内在的修为要深厚，不能为书法而书法，那样将是一个书法"匠人"，不能称为书法家。书法家不能只凭线条、墨色来追求抽象的内涵。所以书法家要"内外双休内养底蕴，外练基本功。

创新与涂鸦

近几年来，随着我国与世界经济接轨和西方文化交流的日益频繁，西方现代派、抽象派、立体派等思潮正冲击着中国的画坛和书法界。

在书法界，日本的前卫派又称墨象派，它对中国书坛也有不小的影响。在东西两方的夹击中，引起了中国美术界和书法界及其理论界的思索和探求。于是，大力提倡创造的呼声之高，前所未有。更有甚者提出打破传统，甚至要摆脱汉字结构的束缚等说法时有所闻。

应该说，这是一件大好的事情。革新创造当与时俱进，这是古人早就认识到并付诸实践的真理，何况我们呢？

然而何谓创新？书法艺术又何法创新，如何反映时代精神等问题确实是要冷静思索，认真研讨，慎重对待的。

仅从最近几年全国各地所举办的大小书法展览及其在书法刊物所发表的作品中，可以窥见有创造性的作者和作品实属不少，然而糊涂乱抹，墨汁四溅，非字非画，无字无墨，无法无技等光怪陆离的所谓"创新"之作也屡见不鲜。还有其他别出心裁的创新，真令人眼花缭乱，啼笑皆非。

固然肯动一些脑筋，想改变一下表现形式，尝试用其他工具材料性能等也应该说他有创造性的一面。古人也曾发明"蝌蚪文"，"鸟虫书""正白书"等上百种书体。

唐代大书法家张旭不也酒后作书，以发濡墨吗？然而，凡此种种都会被历史的长河淘汰得干干净净。

书法艺术的创新能否向绘画看齐？回答是肯定的。

书法艺术是其他艺术门类所没有的，但是也有和其他艺术有相通的规律。在表现形式上如比笔法、墨法、章法、节奏、意境等诸方面都可以借鉴姐妹艺术的营养和长处，尤其是绘画艺术。但是吸收借鉴绝不是相融化、混杂，或者替代。书法之所以追求画意，就是有机地吸收绘画中笔墨、线条、色彩、构图等方面的丰富性、多变性、灵活性及意境美,而并非是简单地或表面地理解为将"人"字写成人样，将"写"字画成"鸟"形，也不是笔笔追求浓淡变化或用五颜六色来书写。

一句话，书法绝对不可能完全向绘画看齐，也不能向别的艺术完全看齐，否则就失去了书法艺术本身，就不能独立于世界艺术之林。

书法艺术是一种高度抽象的点线组合、黑白相间、体格丰富、变化万千的艺术，自从和绘画分道扬镳以后，逐步摆脱了象形的束缚。更不需假借其他色彩，经历代书法家和劳动人民的努力创造，愈加丰富多彩，愈加显示出它独特的欣赏价值和迷人的艺术魅力。

我们后人的任务是什么呢？

有以下两点可供参考。

第一，重的是要真正地认识它的美的所在，然后花工夫继承它，掌握它；第二，书法要发展、创造、革新，要坚持不懈、持之以恒，绝非一蹴而就、唾手可得。

所谓创造革新就是不断地结合这一古老的艺术，创造出更加美妙多姿的风格、样式、面貌来，换言之，也就是在书体意境等方面大做文章。

对待书法艺术创新我们既需要满腔热情又要有严谨的态度和独立的见解，否则就会走入迷途，适得其反。

书法的兴与悟理

书法艺术靠笔来塑造形象，古今学者以得笔法为幸事。

书评家往往以用笔得法作为衡量作者笔底功夫深浅和品评作品优劣的条件之一。后经历代相传，书法的演进也日臻完善，书评也甚为详细，理其梗概，用笔之道，可归为两类，即笔法和悟理。

书法家多侧重于笔法及笔的使用、考究与总结。例如，笔之弹性适度，光齐圆健，执笔手指要五指齐力，松紧适宜，以稳为则。中锋铺毫，藏头狐尾，方圆兼用，贵在藏，不显漏，这多为前人宝贵经验，倘若背此规律，则会落人心昏拟效、手迷挥运的窘迫之境。

学习书法，尊法是基础，这样能避弯路，只要能到名碑、法帖中去寻识，虚心向精通笔法者请习，勿忌名气大小的善书者请教，兼之借助于理论书籍，更是相得益彰。

在熟悉和掌握笔法规律之后，死守成法，道分刻求，笔笔似古人，字字有出处，进而走进程式的死胡同。

常见明清书院体其法不可不依，其字不可谓不工，然而笔卷僵直而无生气，其字板刻，匠气贯足，倘若染其此气，虽然苦学苦练，竭尽书力，往往法愈强而字愈俗，虽合时好，终无大成。

何至于此？

除见狭识浅，学不足道之外，还是过于拘于成法，死守古人藩篱。这是主要原因之一。

悟理者通晓用笔现象本身，借助客观物象，势理譬喻用笔之理，从而揭示物象内在的规律，悟其通变之方。诸如：唐代褚遂良偶见沙地平坦如纸，用锥创沙，而顿悟中锋圆劲道健之理；张旭观公孙大娘舞剑、妙悟用笔起承开合出没无常而得书之神韵；颜真卿以屋漏雨痕而悟用笔不露起止之际，得自然贯注之意；宋代黄庭坚观船只荡桨，领悟用笔韧性掣走得疾涩正道健之势，书风遂为一变。事理通之则达。这些书家所言，并非自去其艺，均系甘苦之谈。

笔法之外的蒙见与意会，是他们长期经验积累的折射，但是这些悟性是建立在精通用笔规律之上的。

若对用笔缺少实践或者尚未入门，即便是其学养极好，天分极高，也是不能奏效的。世有久于临池，终未悟通其理，其书落入奴书者，绝没有不事笔墨，单靠悟理而卓然名家者。

综上所述，循法与悟理，二者是递进的，非此不能及彼，循法是基础，初学者重于悟理，悟理是解技和升华，对于训练有素者，悟理重于循法。

同时，法可助人，书外观物，法外取意，观万千气象，体物象神韵，得曲伸正劲之理。这对于死守成见囿于规矩者是有很好的教育意义的。

书法艺术的"形象"

有位哲人曾经这样说过，艺术既表现人们的感情又表现人们的意愿。但是，这并非抽象的表现而是用生动的形象来表现，可是形象是文学艺术反映生活的特有的形式，是中外各类艺术的共性，正因为此，人们对书法艺术的形象提出一个问题：书法的艺术形象何在？

作为我国传统的书法艺术，西方美学家很少论及，随着对外开放的深层次交流，这个问题已经开始引起全世界的关注。

我国古代的书论、画论及文论何其丰富，但是以往的艺术大师没有把书法、绘画、诗文和音乐等姊妹艺术统一起来加以研究和阐释其中的形象问题。

有人说，我国的古文字就是象形的艺术，由篆到隶、楷，根本无形无象，所以这种形象说显然是站不住脚的。

在诸家争论中，笔者认为，其焦点在于对形象的科学解释，作为文学艺术作品中出现的艺术形象，既不是平常生活中的人、事、物的形象，也不是作家对其的简单模仿，而是作家在经过合理的加工与再创造，是作家从生活出发，通过文字等可塑手段，集作者强烈的感情色彩和审美价值于一体的艺术的再创造。这些创造出的艺术形象，源于生活却高于生活，折射出一定的社会价值和审美取向。整个作品也是一部具有深层的意境的"深意"。

诗歌是形象的，但是多数抒情，诗歌多数都是以象征的手法来寄托某种特定的情感，不可能直观地去描述客观事物的本来形象，这是由诗歌本身的特征决定的。但是作为最古老的艺术样式，古代需要，现在需要，将来仍然需要，因为诗歌能给我们其他艺术样式所不能达到的艺术审美，这与书法线条审美价值是相通的。

诗歌中体现的情感和意境，与书法线条折射出的审美意境，都是艺术家追求内在形象的具体表现，更是艺术家真实的写照。

如果说诗歌或多或少地抛开了现实的直观形象，书法则可以说完全地抛开了人、事物的直观形貌。书法家把自己对现实的审美理想以及对自然的看法概括地熔铸在富有提、按、顿、挫、疾、徐、粗、细、浓、淡和方圆等特点的线条变化结构的笔墨中，使欣赏者从这些表现形式的神采、感情、意境中追索创作的深意，并加以创造性的联想从而悟出"形象"。

故唐代著名书法家张怀瓘把此概括为"考无说而究情""查无形而得相"。翻阅一下当代文艺理论和美学书籍对"形象"所作的阐述，虽有不少，但是都存在着一定的局限性。

近年来，虽有人对"形象"作出科学的解释，但是还是没有受到美学界特别是书界的重视。"形象"的定义可谓抓住了各类艺术的本质，所谓"形象"，是一种"情境"，如果用"画卷"具"象"来解释，是用小概念来阐释大概念，其结果是顾此失彼。分析一下中国传统的各类艺术都可以找到答案。

以塑造人、事、物的具体形貌谓之形象，而通过艺术作品流露出来的神采、感情、意境中包含的深意，使欣赏者因之而造"象"。

笔者认为，书法之所以能表达对生命的深厚的构思，就是因为其能给欣赏者提供一种包含着神采、感情、意境的深意，使之缘意而塑造出"形象"，简而言之，就是"意造象"。

书法家贵在容万象于"意"，欣赏者贵在从意里悟出万象，书法艺术"形象"的奥妙就在于此。

6.书法、美学与形式

任何艺术都不可忽视它的形式美，艺术如果丧失了形式美，就失去了它的审美价值。鲁迅先生说："我国文字具备三美，意美以感心，一也；音美以感耳，二也；形美以感目，三也。"感目的形美就是指书法艺术的美。书法是中国传统文化的瑰宝，是以汉字为载体的造型艺术，通过线条、结体、笔韵墨趣和章法来表现情感意蕴，给人以美的享受。

线条美

用线造型是我国造型艺术的传统，不论绘画、雕塑、建筑等都是如此，它简洁而概括、单纯而深刻。柔中有刚、刚中带柔的线条是书法作品构成的基本元素，是视觉形象美的基础。书法也是线条运动的艺术，一条气韵生动的线条展现给人们的美是很丰富的，或安详雄浑，或流畅自然……本质上体现着书家的精神特质。李泽厚曾在《美的历程》一书中，把书法视为"有意味的形式"，是"净化的线条"。单从形式上看线条有粗细、连断、方圆、转折、燥润、曲直等之分，但怎样的线条才是美的呢？

1.笔法娴熟，富有力度

笔法是前人在长期的用笔和审美实践中不断完善和丰富起来的。线条的质量与用笔是否得法紧密相连。蔡襄勒字、苏轼画字、黄庭坚描字、米芾刷字等，不同的笔法产生了不同的力度、风格。笔法精熟的书家可以写出各种形态美的笔画，优质的线条即便是很细，但依然圆浑饱满而有力度，反之则飘浮、浅薄。笔法娴熟，用笔顺乎其性，掌握规律，手中之笔自然得心应手，游刃有余。这样写出的笔画气脉贯通，富有力感。粗短的，敦实而不失笨拙；细劲的，坚挺而不失僵硬；圆转的，流畅自然而不失轻浮漂滑；曲屈的，跌宕有姿而不致生硬造作。

中锋写出的笔画坚实圆润、有立体感，侧锋的效果则犀利峻峭、富有开张之势。圆而厚的线条效果主要体现在落笔、转折和起收笔上，清包世臣说："用笔之法见于画之两端"。用笔的顺逆、方圆、提按等都是书写线条方向转换处的运笔技巧和方法。涩是线条本身呈现给欣赏者的一种感受，主要见于画的中部，行笔宜慢，可以增加用笔的凝重感。清刘熙载说："惟笔方欲行，如有物以拒之，竭力而与之争，斯不期涩而自涩矣"。"折钗股""屋漏痕""锥画沙""印印泥"等，都是对线条美的生动概括。

2. 配合协调，富于变化

讲究配合就是要主次分明。刘熙载在《艺概》中说："画山者必有主锋，为诸峰所拱向；作字者必有主笔，为余笔所拱向；主笔有差，则余笔皆败，故善书者必争此一笔。"讲究主笔与从笔之间的配合，是历代书家都十分重视的，如颜真卿的捺脚，欧阳询的长竖等都很典型。楷书中有"字无双钩"的说法，隶书中有"蚕不重卧，燕不双飞"的口诀，原因也在于突出主笔。讲究配合还要注意线条间的衔接、迎让、顾盼和呼应的关系。线条间的衔接就如人体的关节,过渡自然紧密，整字才显严谨有力。线条间的迎让、顾盼不仅可以形成整字的气息流贯，而且也赋予线条自身灵动多变之态。古人十分重视线条形态的变化，如五代的杨凝式的《韭花贴》深幽无际，点画间多有异趣。变化是艺术的生命。王羲之说："若作一纸之书，须字字意别，勿使雷同。"孙过庭也有同样的看法："数画并施，其形各异，众点齐列，为体互乖"。虽然汉字的基本笔画并不多，但随着书体以及笔画之间的组合状况不同，每一种基本笔画均有多种变形。这样，线条的总体形态就丰富起来了，加上用墨的变化，更增加了线条的形态美。

结体美

清冯班在《钝吟书要》中说："书法无他秘，只有用笔与结字耳。"结体也叫结字、间架，指汉字内部的搭配关系，就好比人的五官，大小适宜、比例协调、位置得当才能组成完美的面容。文字本身就有构图美，前人为我们留下了很多讲解字形结构的著作。书法表现的是一种抽象的形式美，不懂得造型美，就像建房造屋没有设计好的理想的蓝图，线条只是手头上一堆没用的材料。书法结体美是以线条美为前提的，是指汉字间架结构既有变化又有呼应，既多种又统一。它并不是横撇点捺的机械拼凑，除恪守文字的可识性之外，还必须遵守对比统一的原则，做到"违而不犯，和而不同"，或平正均匀，疏密相间；或向背呼应，顾盼生姿；或参差变化，斜正得宜。

艺术来源于生活，书法也不例外。汉蔡邕说："为书之体须入其形，若坐若行，若飞若动，若往若来，若卧若起，若愁若喜，若虫食木叶，若利剑长戈，若强弓硬矢，若水火，若云雾，若日月，纵横有可象者，方得谓之书矣。"这段文字从一个侧面给我们诠释了书法的造型美，是以人对现实生活中各种事物的形态联想为发端的。汉字是我国古代的劳动人民从无到有，从少到多，约定俗成，经过较长时间的孕育、丰富、选炼发展起来的。汉字最重要的特点是"以形示义"，它是对自然物象的特征加以概括，运用具有特定意味的线条来表示某种抽象的含义，有无可比拟、丰富多变的视觉形象，这是汉字本身就具有的美的特质，是书法艺术产生并不断发展的根本原因。为满足社会实用性的需要，书体、字形不断演变。书体自甲骨文、金文之后出现了大小篆、隶、楷、行、草等多种书体。字形也循着从繁到简、从象形到概括抽象的方向发展，但笔画形态却日趋丰富。这不仅丰富了汉字的视觉形象，而且也增加了汉字的抽象意味，使得书法成为一种直观的视觉形象与抽象的意蕴巧妙结合的艺术。书家深悟其中的道理，总是将自然万物与人的意象紧密联系在一起，造就了汉字体势的丰富性和可变性。同样一个字可以表现出不同的姿态美，或端庄严谨，或潇洒流畅……但不论如何千变万化，都有美的共同规律。

（1）**疏密** 这是构成字乃至作品整体美的重要因素之一，清代邓石如说："字画疏处可使走马，密处不使透风，常计白以当黑，奇趣乃出。"中国画尤其强调这一点。只疏不密，显得松散平淡，只密不疏，则呆板沉闷，生机全无。

（2）**向背**　向即相向，似两人促膝交谈，如颜真卿的竖画；背即相背，似两人背对背，如褚遂良的竖画；从字的造型角度看，左右结构的字更能表现，可使姿势活泼生动，仪态大方。巧妙地运用，可避免线条的单调和结体的呆板，又增加笔画中的神情和韵味，就象音乐中的高低音符，诗中字声的平仄使作品具有韵律感。

（3）**参差**　多条线段及字的组合部分之间应有参差变化，错落有致。董其昌《画禅室随笔》说："作书所最忌者，位置等匀，且如一字中，须有收有放，有精神相挽处。王大令之书，从无左右并头者；右军如凤翥鸾翔，似倚反正；米元章谓大年《千文》，观其有偏侧之势，出二王处。此皆言布置不当平匀，当长短错综，疏密相间也。"

（4）**偏正**　字的组合还有偏正的关系，独体字有主副笔的问题。正则端庄，偏则出奇，但一味正易呆板，"状若算子"；一味偏则会出现凌乱无度的状况。偏正互补，就是要偏中求正，动静相宜，使字的结构既稳健又险峭。

（5）**开合**　主要运用于左右结构，开处有舒展豪放之趣，合处有茂密充实之感，开合运用得当，可使字形生动、俊美。

（6）**借让**　字的笔画和组成通过线条的伸缩、移位、穿插、省减等手段处理，以避免重复、松散、拥挤，使字的各个组成部分之间形成一个相依和谐、映带相连的整体。在借让关系的运用中，多注意周围的借让情况，借者让之，让者借之，参差穿插，以此来达到整体的平衡。

（7）**纵横**　上下结构的字和左右结构的字，也可以用纵横的方法来处理。或上纵下横，或上横下纵，或左横右纵，或右横左纵，使结体富有变化。

（8）**方圆**　方和圆的形体本身给人以不同的审美感受。圆的柔和滋润，血肉丰满；方的峻整劲挺，筋老骨健。方圆主要用于包围结构。方圆的变化体现在外形和用笔两个方面，一个字可以写成方形也可以写成圆形，有的字方中有圆，圆中寓方，则更显情趣。例如，《郑文公碑》以圆求方，其他北碑则以方求圆。

以上只是结体变化的基本规律和手段，一个字往往是多种法则的综合运用，只有熟练地掌握，才能在作书时自然地进行调节，塑造出美的形体来。例如，郑板桥的书法将字的疏密、长短、大小经过其匠心独运而极尽变化，姿态万千。再如，黄山谷将点画夸张拉长，似长桨荡舟，疏影横斜。

笔韵、墨趣

汉字作为一种书面语言，其本身就具备表情达意的功能，它凭借笔形、字势、行气、布白、意蕴等的变化去反映书写的思想、情感、个性、素养、心境等，所以才有"书为心画"说。随着毛笔、墨纸等书写工具的发明，也使得书法艺术获得了更加适宜的表现媒介。书法是时间艺术，因为线条随着时间有节奏的流动不能重复叠加，也不能修改递减。笔锋的柔韧、墨的浓稠和光泽，使书家创作过程中力的强弱、节奏的变化都十分精细微妙地表现了出来，它通过人的直觉，给人以丰富的美感，或飘逸潇洒，或滞涩跌宕，或八面出锋，或绵里藏针……总之，在静态的墨相中，流露着书家运笔时的提按、转折、映带等一系列复杂的情状。书家创作时，就是在自编自演。古人强调"意在笔先"，落笔前，作品的形象已经比较清晰地呈现在他的头脑中，而且对如何运笔、用墨等做到胸有成竹。王羲之说："夫欲书者，先乾研墨，凝神静思，预想字形，大小偃仰，平直振动，令筋脉相连，意在笔先，然后作书。"同是线条，绘画将人的主观性融入线条，客观往往掩盖主观；而书法恰恰相反，它的主观随意性（特别是行草书），在某种程度上掩盖了线条的客观性，最能突出人的精神风貌。例如，米芾的沉着痛快，颜真卿的风骨凛然，赵孟頫的清秀妩媚，如此等等。书法是线条与心灵的融合，正因为书法线条所固有的感染力，冲击着视觉和心理感受，在秩序的破坏、寻找和重组中，我们的内心感受和心理节奏也随着作品运动而获得享受。

书法又是黑白组合的空间构成艺术，我中有你，你中有我，其趣味就表现在黑白的不同组合中，书家就在这种不同的黑白构架中赋予自己的情趣，抒写自己的喜怒哀乐。古人有"计白当黑"说，"书在有笔墨处，书之妙在无笔墨处，有处仅存迹象，无处乃存神韵"。所谓神韵是一种意象，就如齐白石画虾，纸上仅有几只栩栩如生的虾，但在齐白石先生和欣赏者眼中却是水中之虾。书家挥毫创作时也是如此，能否有意于留白，乃是形成黑白之趣的关键。可以说，布白之美是一种具象与抽象的有机结合。就用墨来讲，一般宜浓淡适宜。但由于书家的习惯和风格不同，对用墨的浓淡燥润、主张和选择也不同。苏东坡主张墨浓而有光泽，要墨色"湛湛如小儿目睛"，黑而又有光彩。欧阳询主张浓淡适宜，认为"墨淡即伤神采，绝浓必滞锋毫"。刘石庵、王梦楼对墨色也有主张，时有"浓墨宰相，淡墨探花"之称。董其昌的淡墨行书如湖光柳岸，有不尽清新萧散之感。王铎善用墨，变化无穷。宋姜夔在《续书谱》中说："行草要燥润相杂，润以取妍，燥以取险。"墨色燥润得当的话，可以有"丁冽秋风，润含春雨"意境，两者参差错落，交相辉映，浓妆淡抹总相宜。可见墨色浓淡，只要使用得当，可以在一定程度上构成个人的艺术风格。

历来书家都很重视笔法、墨法，强调笔墨的个性色彩。笔在纸上运行，一方面留下了笔迹墨相，另一方面切割出不同形象的空白，两者相互映衬烘托，从而形成一种总体形象，产生书家意想不到的妙趣。所谓笔韵、墨趣，就是包含着这种运动的力感和韵律感。从欣赏的角度来看，可以从作品的笔画线条、字势、字行之间及墨色的运用等方面去玩味书家的匠心。笔韵墨趣有十分丰富的审美意蕴，与字的体势美比较，它更为含蓄，耐人寻味。

章法美

"一件真正完美的艺术品，没有任何一部分是比整体更加重要的"（罗丹语）。书法的章法是一幅作品的格局和表现形式，是书法作品诸要素的综合。章法又称分间分布，是研究字与字、行与行之间及整幅字之间的布局方法，以显示多样性的统一，"清水出芙蓉，天然去雕饰"，以展现和谐变化的风格之美。书法的美取决于整体美，人们常说"不比不知道，一比吓一跳""不识庐山真面目，只缘身在此山中"，这些正道出了书法的整体美。

（1）**和谐** 作品应力求重心平稳、动静互补、疏密匀称、气脉连贯。重心平稳对真书作品来说，显而易见，而对行草书作品来讲就可能会有异议。行草书由于相互间配合的需要，个体虽然表现不平衡，但在与邻近字行的组合中却又构成一种新平衡，尤其是草书，它的目的就是为了创造一种流动、奔放的气势。这些单字总是在与周围字的组合上或在全局的布白上，获得某种平衡。疏密相间，就是说字的内外空间、黑白分布相对匀称。"疏可走马，密不透风"指的是线条笔画筋结处要紧密，舒展处要洒脱自然，这种疏与密的对比，就是为了构建视觉形象的一种"匀称"。一幅成功的作品，从构思到创作，从下笔到收笔，用笔使墨好比调兵遣将，从容不迫、伸缩有度、张弛有序、一气呵成，才能表现书法作品的力度、笔韵、神采。"一点成一字之规，一字乃终篇之准"，各尽姿态，又合乎自然美的法则。

（2）**变化** 变化是艺术形式美的重要表现，书法的章法同样富有变化的特点。篆、隶、楷、行、草书作品也无不如此。例如，王羲之《兰亭序》中20多个"之"字，各具形态，无一雷同。《兰亭序》的美不但体现了每个字的结体美，还体现为整体的视觉形象美，在一定程度上说，书法的章法美就是汉字体势美的延伸与拓宽。不同时代，不同书家为了求得章法的变化之美，不仅在大小、正欹、动静等方面求变，而且动用了各方面的技法和生活积累。例如：以笔法和墨色的变化求得结体的新颖，一字之内中侧兼施、方圆并用；各种书体的交织融合，清邓石如将隶书的笔意引入篆书就是最好的例证。章法的变化之美，在行草书中更显其艺术魅力。

（3）**风格** 风格即人有无独特风格，是衡量书法成就大小的一个显著标志。风格鲜明是章法美的重要表现之一，古往今来著名的书家无不具备这一点。章法布局不是大杂烩，其中贯穿着一种主调，一种统一而协调的风格。然后，在这主调的管领下进行变化组合，犹如乐曲中的主调和变奏，同中求异、异中求同，自然富有风神。例如，张旭的"雨夹雪"章法、董其昌的舒旷章法、郑板桥的乱石铺街章法……艺术是个性的显现，这些鲜明风格，使其作品具有多样统一的和谐之美，使人一望便知某书家作品。

书法作品的结构是线条对空间分割产生的造型，它有充分的空间自由，可以通过线条的移位和夸张，构成整幅作品的生命。书法作品的章法注重节拍和旋律，必须安排好字与字、行与行之间的造型，处理好整幅作品线条的平衡、连贯和变化等。当选定一种形式之后，除要符合此类样式的一般规律，如天地间隙、落款、钤印等之外，字与字、行与行之间还要通过字形的大小、长短、疏密、正斜、伸缩、开合以至用笔的缓急等手段来求得变化，上承下接，左呼右应，计白当黑，虚实相生，组合成一个平衡而统一的整体，给人以强烈的艺术美感。

7. 中外书法艺术比较

中国书法是一门古老的艺术，从甲骨文、金文演变为大篆、小篆、隶书，至定型于东汉、魏、晋的草书、楷书、行书诸体，书法一直散发着艺术的魅力。

中国书法历史悠久，以不同的风貌反映出时代的精神，艺术青春常在。浏览历代书法，"晋人尚韵，唐人尚法，宋人尚意，元、明尚态"。追寻三千年书法发展的轨迹，我们清晰地看到其与中国社会的发展同步，强烈地反映出每个时代的精神风貌。书法艺术是世界上独一无二的瑰宝，是中华文化的灿烂之花。书法艺术最典型地体现了东方艺术之美和东方文化的优秀，是我们民族永远值得自豪的艺术瑰宝。它具有世界上任何艺术都无与伦比的深厚群众基础和艺术特征。书法艺术愈加受到大家的青睐。

中国书法史的分期，从总体划分，可将唐代的颜真卿作为一个分界点，以前称作"书体沿革时期"，以后称作"风格流变时期"。书体沿革时期，书法的发展主要倾向为书体的沿革，书法家艺术风格的展现往往与书体相联。风格流变时期的书体已经具备，无须再创一种新的字体，于是书法家就提出"尚意"的主张。"书体"已经固定，而"意"是活的，这就进一步加强了作者的主体作用。

并非只有中国才有书法，日本、韩国、朝鲜，这些受中国文化影响的国家都有书法。

日本的书法称书道。一开始是从中国而来。据《日本书纪》记载，应神天皇 58 年，朝鲜百济国使王仁进献了《论语》十卷、《千字文》一卷，是汉字传入日本的开始（具体年份不详）。但比它更早的时候，在与中国的交往中已明显知道汉字。王仁到达了日本，带去了系统的汉字和汉文的典籍，因此这算是日本人学汉字的真正开始。后来阿直竣、王仁的子孙到日本后同化为日本人，作为东西文部住在大和、河内之地，任祭扫、出纳等职。到了推古天皇朝代，日本与隋朝建立了邦交，随着留学生和留学僧的归国而带去了中国书法。

日本后又崇拜起王羲之，这对于日本书法的形成起了很大影响。到后期的假名书法时终于有了自己的特色。

韩国书法源出于汉字的书写形式，每一个字都是在一个想象的方块中由一些形状不同的线组合而成，都是为了表达一个特有的意义。书法在韩国始终与绘画关系密切，他们认为从笔法安排的有力与和谐的角度来看，绘画受到书法的影响。所以，在韩国书法艺术比绘画艺术更受人们的重视，人们常把书法作品像绘画一样挂在墙上欣赏，而且像对画一样赞赏它的每一笔独到之处，赞赏它用墨的韵味，赞赏它整幅布局的功力、骨格、神韵等。

韩国的书法有悠久的传统，韩国人从大约公元 2 世纪或 3 世纪开始使用汉字表达意愿或行为，即使在 1446 年韩国字母文字创造出来以后，汉字仍然作为官方文字使用。据了解，从那个时候开始，王室的书院和国家办的高等学堂里讲授中国文学。书法的历史如此悠久，无数贵族阶层的人和艺术家又在许多世纪里为促进书法艺术做了极大的努力，可惜在经过多次外国入侵和内部纷争之后古代书法作品保存到今的极少。特别是 16 世纪末同日本丰臣秀吉军队之间的七年战争，造成的人员死亡自不待言，而且还在朝鲜半岛各地对具有历史意义的石碑和文物造成了严重破坏。因此，属于那场战争以前年代的残存的书法作品现在不到20件。

能借以了解位于西南部的百济王国的书法艺术所达到的高度的资料更少。根据这个王国的学者水平高、艺术品精致这两点看来，其在书法上很可能也达到了相当成熟的程度。1972年，在韩国中部百济古都公州偶然发现的武宁王和王后的王陵内发现了许多具有重要考古价值的文物，其中有一块方形石碑对书法家和碑铭学家来说是稀世奇珍。这方石碑置于这座6世纪时的墓的入口处，类似为建造这座陵墓而向地下神祇购买一片土地所立的文契。石碑上所刻的汉字字体优美，表现出很高的技术水平。

在接下来的统一新罗时代，由于崇尚中国唐朝文化，因而产生了许多书法家，如金生、崔致远。他们的字体基本上追随书法大师欧阳询和虞世南。另一位书法大师王羲之也备受仰慕，他的行草书为人们普遍临摹。但是，从新罗王国开始流传的字体方正的欧阳询体在高丽时代仍占主要地位，直到1350年左右。

朝鲜时代最著名的书法家是实学派的金正喜。金正喜是杰出的书法家和学者，他建立了人称"秋史派"的风格。他的书法脱胎于中国隶书，但是他在布局上富于画感，善于在不对称中见和谐，而且笔触有力无比，使笔下的字充满活力。

在韩国，学书法被认为是有修养人士陶冶情操的必要过程。书法作为书写或者传递信息手段的实际功用往往不如字写得优劣所含有的哲学意义更重要。在韩国如同在中国和日本一样，书法被认为是一种高雅艺术，书法家也受到人们的尊重。韩国的书法组织虽不像中国具有完整的体系，但韩国书法的民间组织却非常普及，而且活动频繁，接待我们访韩的韩国海东研书会就是一个出色的民间组织。海东研书会于1971年8月1日创立，很具规模的书法活动就组织了200多次，并组织多次国际书法交流，这对一个民间组织来讲，确实是难能可贵的。会长金东渊先生是一个有成就的书法家，在韩国书

155

法界很有影响。金先生崇尚传统，重视基础，他的字有时近乎于篆书，有时近乎于隶书，或在两者之间斟酌取舍，可谓仪态万方，随心所欲而不逾矩。

8. 正视书法书体的多样性

在中国书法这个多书体的熔炉里，中国书法家对书体的变化一直持关注的态度，从甲骨到清隶，再到碑体行书，中国书法的书体演变走过了一个漫长而令人难忘的艰苦的历程。

中国书法书体研究学家认识到，中国书法书体的特征是既同一又多样。同一，是因为从古到今的中国书法家的作品都是从同一种文字中演变而来，尽管有碑与帖之分，但文字的自身变化，并不明显，而是一条没有断链的有机带。处于这个有机带上的文字点画、线条的表现形式，如写经残片、鲁公楷书、南海碑书等，他们的书体特征是非常明显的。但是，这中间也还存在着大量的难以精确划分的书体，如板桥的"乱石铺街"体、舒同的"六分半"体等。此外，中国书法又有着广泛的多样性。这种多样性是通过时代书风特征、书家个体书风特征表现出来的。此时代与彼时代的书风不同，就是同一个书家的青年、中年和老年书风也存在着差异。世界上绝对不会有完全相同的两片树叶，这一自然规律也符合中国书法书体多样性的特征。否则，千人一面，岂不造就了书法悲剧的"优生学"运动！基于这一理念，中国书法书体的多样性不是可有可无的，而是必不可少的！

在书体多样的书写实践中，只要不破坏汉字的结字规律，什么样的点画与线条，都应该得到书法家的正视，都值得书法家关注，并根据书家自身的喜好去选择书体的实践操作。厚此薄彼，至少不利于书法书体的创新与发展，轻视或忽视书体的多样性，难以促进书法的发展。在强调书体的多样性时，显然不能忽视书法的基础性实践。否则，书体的多样性最终只能是竹篮打水——一场空。

第十章

学校艺术品收藏活动指导

1. 油画

油画是西方绘画中的主要画种，指用油质颜料在木板、布、厚纸和墙壁上作的画。初期油画采用一种预制的、含有油与水成分的乳液作画，即所谓"坦培拉"画法。据传 15 世纪尼德兰画家凡·爱克兄弟在总结前人经验的基础上，经过反复试验，使油画得到了完善。用亚麻仁油和核桃油为调和剂，使颜料易于调和，便于运笔，同时又可以层层敷设，画面透明鲜亮。油画在文艺复兴时期盛行于意大利和尼德兰、西班牙、德意志，18 世纪、19 世纪逐渐在英、法、俄各国发展起来。几百年来，经过各国各代画家的继承和创造，使油画技法有很大的发展变化。油画颜料装入锡管的方法是 1824 年前后英国人发明的。油画于清朝康熙年间传入中国。

油画的特点是能够充分表达复杂的色调层次，具有透明、浑厚而丰富的效果，颜料有极大的遮盖力，描绘较自由，便于修改，可反复多次表现物象的精神实质，油色干后，坚实耐久，易长期保存。

2. 版画

版画是造型艺术中的主要画种之一，其特点是作者运用刀、笔或其他手段，在不同材料的版面上进行刻绘或通过一定的化学处理进行制作，并可直接印出多份原作。版画与印刷是不可分离的，所谓的"版画语言"就是绘画利用某种印刷手段产生出来的艺术品种，而不是某种印刷手段去复制绘画。传统木刻只是版画中的一种，据考中国为木刻版画的故乡。历史上木刻多用于重制图画，绘、刻、印分工，称为复制版画，后来发展成为独立的艺本形式，由作者自画、自刻(制人自印),便称为创作版画。版画以它的种类之多样、形式之丰富、面貌之多彩及其独有的艺术特色为其他画种所不能比拟,现代工艺、科技为版画的发展提供了极为广阔的天地。根据版画的性质和所用材料,可分类为:凸版——如木刻、麻胶版、石膏版画等;凹版——如铜版画、锌版画;平版——如石版画、锌皮版画;孔版——如丝网版画、纸漏版画等;综合版画——融各版种技法为一体的纸版画、独幅版画等,还有被称为"袖珍版画"的藏书票艺术。

3. 丝网版画

丝网版画是版画的一种,亦称丝漏版画、绢印版画,属孔版画类。利用丝网孔将油墨颜料直接漏印在纸上,原理同"油印机"印法,是现代工艺用于艺术创作的版画品种,为20世纪的新型版画,国际上早已流行,近几年已开始在我国普及。丝网版画的特点是印刷原理和制版方法简便易行,版面可大可小,同版能反复使用,水色、油色均可印刷,色彩丰富响亮,能随意重叠变化,技法多样,能表现各种肌理及色彩匀齐的渲染渐变效果,特别是版面上形象与印刷出的画面形象一致,没有正反差别,较容易掌握、操作。

4. 纸版画

纸版画是版画的新品种之一,以纸为版,利用纸张的多层拼贴重叠、光滑粗糙之分,吸油、吸水性能的不同来表现各种肌理、纸味及内容,并通过手工或机器印刷产生出其他版种无法替代的具有独特艺术魅力的画面。

纸版画在20世纪80年代已流行于国内。纸版画的主要特点是材料简单、制作简便、易于推广普及;制作方法随意多样,表现力丰富、多变；既能水印，也可油印，亦可两者相互套印。纸版画以凹凸版为主，印刷原理基本同铜版画，亦可集凹、凸、平、孔版于一身结合印刷，具有"刀味纸感"的特色。

5. 铜版画

版画的一种。因所用的金属材料以铜为主，故名。现流行的锌版画、铅版画亦属此类。

15 世纪、16 世纪时铜版画开始在欧洲流行，公元 1715 年（清康熙五十四年）由意大利人郎世宁来北京传教而传入中国，直至 20 世纪 50 年代铜版画艺术在我国才有所发展。

制作方法主要有干刻法、腐蚀法、飞尘法等，故又有"腐蚀版画""镂蚀版""雕刻铜版"等名称，现统称为铜版画。其中以腐蚀法较为普遍，先在金属版面上涂一层防腐剂，用刀或针刻画，再用酸性腐蚀液（如硝酸、硫酸等）腐蚀，刻去部分经腐蚀即成为凹线（面），故称凹版，印刷时将油墨填充凹线中，并擦拭去版面上多余的油墨，通过铜版机滚筒的压力，使凹线中的油墨印到纸上去，形成凸起的线条，具有独特的艺术效果。

6. 石版画

版画的一种。由 18 世纪末逊纳菲尔德发明的石印术基础上发展而来，最初传入中国在光绪二年（公元 1876 年），20 世纪 50 年代石版画艺术曾在我国得到充分的发展。石版画主要根据油与水不相融的原理构成印刷版面，作者先用含有油质的药墨在石版或特制的铅皮上作画，然后在版面上涂一层酸性阿拉伯树胶。因为版面上画有药墨部分只接受油墨而拒水，没有画过的部分相反只接受水而拒油墨,经调墨上版可复印多张,能完全保持原作的精神。石版画受其材料、印刷机限制,在民间很难推广普及。目前,根据石版画水油分离原理,有的美术院校已选用工业用材(如铅皮等)代替石版进行试验、教学。石版画的发展将有待于这方面的进一步探索、试验和推广。

7. 麻胶版画

版画的一种。在黄麻布的底子上涂上以树脂干燥油和软木屑混合物压制而成。原是作为铺地板和墙壁用的建筑材料。因版面没有纵横纹理,刻作版画方便,所以其制作过程、方法与效果都和木版画相似。我国现有的塑料版画也属于此类,工业、建筑上用的薄型板材(如塑料地板)均可用于刻画,且质轻平薄,不用作底,易于任意截取、保管,其不足之处是幅面较小,易老化,较伤刀。

8. 独幅版画

版画都应是复数的,但独幅版画只有一张原作,主要是因这张原作通过拓印工序,同时画面具有版画味,故名。制作方法是用油墨或油画颜色(其他颜料也可)直接在平滑的底版(如玻璃版、石版、塑料板、有机板等)上面作画,在颜料未干时放上印刷纸用手工磨版或在印刷机上印刷,经过压力,使底版上的画印到纸上去即成。独幅版画有很大的随意性,能利用各种版材、颜料、场合,包括作者的情绪,即兴发挥、创作,常有意外的特殊效果。利用水油分离印出的肌理画面也属此类,因水油流动使任何肌理不能重复相同的画面。

9. 版画藏书票

藏书票是一种带有藏书者始名的小型美术作品，因多采用版画形式制作，亦称版画藏书票。藏书票与我国钤盖在书上的藏书印章异曲同工，是书籍收藏者的一种艺术标记。藏书票 15 世纪源于德国，20 世纪 30 年代初传人我国，20 世纪 80 年代在我国再度兴起，有了很大发展，于 1984 年成立了中国藏书票研究会。藏书票的国际通用名称为 "EX-LIBRIS"，意即 "书票" "藏书之一"，与藏书者姓名相辅，组成为某某藏书票。藏书票表现的内容极其广泛，飞禽走兽、花卉草木、山川河泉、古玩文物、人像属相、历史神话等均可入画。写意、写实、具象、抽象、变形夸张、精雕细描各种艺术手法可各显其巧。藏书票的制作、印刷同各种版画技法一样，具体尺寸一般在 8cm×10cm 左右，形式多样，小型精美，素被誉为 "版画珍珠" "纸上宝石"。藏书票活动离不开书和书主（票主），以及与之相关的读书、爱书、藏书、求知、求美的联系，所以说藏书票是一种具有实用价值和审美价值的艺术品。

10. 水彩画

水彩画是绘画的一种，起源于 15 世纪的欧洲，18 世纪起在英国发展为独立的画种。它与我国的水墨画有许多类似之处。水彩画颜料是用胶水调制成的，作画时用水溶解颜料于纸上，利用画纸的白地和水分互相渗融等条件，表现出透明感、轻快、湿润等特有的效果。水彩画颜料尽量选用专业用水彩，这是水彩画最主要材料，是关系画面效果以及作品寿命的问题。如作一般的练习，水彩颜料也可用。

但在水彩画创作中选择颜料，绝不能忽视，因为高级水彩颜料不易变色。凡所完成的作品不能长时间曝于日光下，或使之受到潮湿，纸色一变色即全毁，应多加注意。

11. 水粉画

水粉画是彩色画的一种，它吸收了油画、水彩画的某些长处，而独立成为一种画种，并具有它自身的特点。水粉画用粉质颜料和水调合绘成。颜色一般不透明，运用得恰当，能兼有厚重和明朗轻快的感觉效果。可画在各种纸上，也可画在布上或板上，在调色时，不宜像水彩画那样过多地用水，以能涂得均匀为适当。在调色方法上，水粉画与油画比较接近，但又利用了水分，因而产生了厚薄浓淡的丰富变化。

12. 年画

年画是一种富有装饰性的、供家庭过年张贴用的美术作品。

年画多用写实与装饰，写人与写景、写情相结合的简明而夸张的手法，表现欢乐、幸福、吉祥、劳动和勇敢等题材。其色彩鲜艳明快，画法工整细致，构图集中，人物突出，形象优美。

最早的年画是与古代雕版印刷技术分不开的，它是民间年画随着木刻版画的发展而发展起来的，年画作为独立画种的出现，约在五代、北宋时期。神像画包括门神、灶王等是年画中最先出现的样式。到了明清时期门神画中增添了吉祥意味的装饰，在题材上逐渐摆脱了门神的固定内容和形式。明末清初，木版年画也逐渐走向繁盛时期，并以天津杨柳青、山东潍县、江苏苏州挑花坞等地出品流行最广，形成南北方年画艺术的不同风格。20 世纪初上海开始有胶版印刷的"月份牌"年画，兼用作商业广告，因色彩鲜艳，形象细腻逼真，售价低，内容为时装美人而风行一时。建国以来的新年画，在传统的基础上推陈出新，题材内容发生了很大变化，对年画的品种、形式要求越来越丰富和精致，它的特点是比民间传统年画画得深入，色彩丰富，使人感到它即有民间年画的喜庆气氛，又有真实的色彩。因而，深为人民群众所喜爱。

13. 工艺装饰画

工艺装饰画是在中国传统工艺美术的基础上发展起来的，这些工艺装饰画品类在继承优良传统，吸收外来工艺美术的长处的基础上，结合民族特点，不断推陈出新，创作出许多具有鲜明中国传统艺术特色的作品。

工艺装饰画采用极为丰富的材料，如竹子、木材、玉石、羽毛、贝壳、陶瓷碎片、各色碎玻璃和塑料等，进行巧妙的构思、创作、施艺，由于材料、工艺制作的不同，以及不同的历史、地理、文化等因素，形成独特的、千姿百态的艺术风格。

14. 铁画

铁画是依据画稿，以铁为墨，以砧为砚，以锤代笔锻制而成的独具风格的工艺品。铁画工艺具有构图简练，线条刚劲挺秀，层次清晰，立体感强等特点。它的品种大致分尺幅小景、灯彩和屏风三类。

15. 漆画

是我国传统的漆器工艺。漆画是以天然漆和金、银、玉石、螺钿、蛋壳等辅助材料，运用雕、镂、嵌、填、晕、彩绘、金漆、莳绘等多种髹饰技法制作成的，充分发挥了漆的特性及其物质材料、髹饰技法的美。在艺术上，它强调装饰性，多以中国传统的线描为主要造型手段，在形象刻画和色彩处理上加以适当的变形、夸张，力求简练，有时也饰以金漆、银粉、贝壳、蛋壳等，更显瑰丽多姿。

16. 镶嵌画

利用有色石子、破碎的瓷片、珐琅、有色碎玻璃片或各色塑料片，经过雕刻、镶嵌、拼组等工艺而制成的图画。这些材料，其色彩丰富而变化微妙，在选材时，要巧妙地利用材料的自然色泽、纹理，并吸取我国古代雕塑、壁画等的传统艺术特点。有浓厚的装饰趣味和鲜明的民族风格。其用途主要用以装饰建筑的墙壁、天花板和地面，也适宜作室内陈设。

17. 贝雕画

它以江河、湖泊、海洋中的贝壳为材料，巧取其自然形状以及外表和内层的绚丽色彩，经过精心选料、雕刻、琢磨、组装等工序制成。它的题材广泛，内容丰富，借鉴了中国画的章法，构图简练。其雕刻技艺则吸取了玉器、牙雕、镶嵌等艺术的特长，制作精巧，作品莹光闪烁，风格华丽。

18. 布贴画

利用各种零碎布片来拼贴装饰画。纺织品的种类很多，有丝、绸、棉、麻、毛及各种人造纤维，这些纺织品制地粗糙与光滑、柔软与挺括、厚重与轻薄、吸光与反光,还有那千变万化的经纬纹理和色彩图案,经选料、剪裁(尽量利用其原有的、不规则的形)和粘贴等工艺制成的画作。在具体的制作中,要能巧妙地利用这些布质感、色彩和肌理,来丰富布贴画的艺术语言。在表现手法上力求写意性,不求完全形似,强调构思的巧妙和借用的恰当,使拼贴后的画面产生丰富多彩的装饰效果。

19. 纸贴画

用各种彩色纸来拼贴装饰画,也是常见的装饰手法。另外,印刷品的彩色画页和黑白画页,也是很好的拼贴材料。拼贴时取其局部的大效果,让色彩、纹样尽可能地接近创作意图和需要,并竭力追求代用和巧借。近看可能是残缺的画面,但远看色调和谐,这正好是纸贴画所需要的效果。在拼贴制作中,它巧妙利用了色纸的自然色泽、质地和纹理,并吸收了中国民间剪纸的传统艺术特点,形成丰富多彩的装饰画面。其工具主要是剪刀和刻刀,纹样刻好以后,用浆糊粘贴在底版纸上即可。

20. 撕纸画

其材料与纸贴画一样,只是在撕纸画制作中,"以手代刀"用手撕纸。使纹样边缘产生不规则的效果,近看很毛糙,但拼贴后的整体效果,别具一番风味。

21. 羽毛画

它采用大自然中各种鸟禽美丽的羽毛,经过剪、叠、镶,以及热压成型、组合、粘贴等工艺而巧妙制成。其题材广泛，形式多样，有平贴、镶嵌、卷轴、壁挂、折叠等。

22. 喷笔画

是通过空气压缩机使稀释后的颜料呈雾状喷于画面。空气压缩机及各种不同型号的喷笔，是主要的工具。在喷涂之前，必须将画面不需要喷涂的部分遮盖起来，原则上每喷一种色，就必须刻一块纸版。运用喷涂方法表现的画面，其效果十分均匀细腻，是平绘所无法达到的，尤其是表现色彩的过渡，真可谓"天衣无缝"。

23. 无笔画

在清水的表面撒一些颜料，并放少量的油或油漆，根据需要适当搅动一下，利用油与水不相融性，趁三者处于流动之机，迅速用纸覆盖水面，然后把纸拎起，就会得到十分有趣的画面，特别是油与水的浮游痕迹，呈现出一些优美、自然的曲线，这种流动式的花纹形似行云流水，生动无比。有的画面如果再稍加手绘处理，便能使画面得到肯定明确的具象效果。这种创作带有很大的随意性，创作时不必拘泥于某一种特定的构思。

24. 火烫画

又称"烫画"。它是在木板或三合板上烙画出茶褐色的画面。由于用电烙铁或特制的铁笔进行描绘、润色，所以画面明朗，层次清晰，线条流畅，富有表现力。烫画十分讲究线条的浓淡、虚实变化。因此，在烫烙线与面时要把电烙铁或铁笔加热些，时间可略烫长些；如需虚和淡的线条，则要烫快些。另外，在烫画的选材上要利用树木的纹理进行创作，木纹具有规则、变化的运动美感，这不仅为我们打开了烫画创作的思路，同时也增强了烫画的表现力。

25. 棉花画

是用棉花在深色纸上粘贴的装饰画。棉花具有洁白、绒毛长、易粘贴等特点，在制作中，要充分利用其特点，在深色的绒布或绒纸上粘贴小动物皮毛质感是再好不过了。它的题材主要是动物画、人物画等。经过选料、理绒、丝毛、粘贴等工艺制成，讲究结构、真实、自然、形体优美。具有高雅大方、美观之感，形成独特的艺术风格。

26. 拓印画

自然植物的纹理、质感，体现生动的自然美和艺术上的形式美，许多纺织品，均呈现了许多美妙的肌理纹样，如果把它们拓印下来，则能收到意想不到的效果，也是手绘方法难以达到的。有的粗犷，有的匀净。借助这些植物与纺织物的肌理，构成美妙装饰画，既简便又有趣。它的制作过程则经过构思、选材、涂色、拓印等工艺。

27. 雕塑

是"造型艺术"的一个种类，以各种可塑（如黏土）、可雕、可刻之材料（如金属、石、木等）表现艺术家一定的创造意图，创作出各种具有实在体积深度、空间形式的艺术作品，一般分为圆雕和浮雕两大类型。圆雕指不附着在任何背景上，可以四面欣赏，完全立体的雕塑（如肖像雕塑、群雕立像等）。浮雕指依附于一定背景，在平面上凸起的形象，根据表面凸出的厚度不同可分为浅浮雕和高浮雕，也有二者结合的形式。透雕界于圆雕和浮雕之间的一种雕塑，在浮雕的基础上镂空其背景部分，有单面雕与双面雕之分。

28. 装饰性雕塑

泛指经过雕塑家对形体做一定的夸张、变形使其具有一定装饰意味的圆雕、浮雕和透雕。

29. 纪念性雕塑

指以纪念历史人物或重大历史事件为题材的雕塑，一般安置在特定的环境或纪念性建筑物以及纪念场馆的综合体中。具有庄严、永久的特征。

30. 架上雕塑

指较室外雕塑小型的雕塑（包括圆雕、浮雕、装饰性、艺术探索性雕塑），多指在室内陈列或展览以及美化生活用品的雕塑。

31. 室外雕塑

指各类安放在室外的纪念性、装饰性及园林雕塑（如纪念碑主体雕塑、广场雕塑、附着在建筑物上的浮雕等）。

32. 雕刻

特指以各种硬质材料，用不同的雕刻手段（如凿、刻、磨等）制作出来的雕刻作品，如木雕、石雕、铸铜等。

木雕，指以各类不同材质的木头、木板为材料，雕凿出来的雕塑作品（包括圆雕、浮雕）。

石雕，指以各类不同石质的石头为材料所雕凿出来的雕塑（常用的石头有花岗岩、汉白玉、大理石等）。

青铜雕塑，指依据雕塑家作品模型，以青铜为材料浇铸完成的作品。

不锈钢雕塑，是应用于雕塑的一种新材料。不锈钢板材依据雕塑原作分块敲出形状、焊接、磨光完成。这种材料适合表现装饰性强或较为抽象的形体。表面金属感强。

33. 白水泥雕塑

是城市雕塑中广泛应用的材料，依据雕塑家作品翻制的阴模，以水泥材料浇铸而成。有造价低、工期短的优点。

34. 泥塑

雕塑家通常在创作城市雕塑和各类硬质材料雕塑前，用泥来塑造原形，再根据泥塑所翻制的模型完成铜像、石刻等。泥塑最适合表现雕塑家的创作意图。

初学者应首先学会使用泥巴。泥的优点是灵活，运用自如，可反复修改。故对初学者来说学习运用泥巴是其他材料无法代替的，是掌握雕塑技法的基础。

35. 剪纸

"剪纸"是我国具有悠久历史的一种传统民间艺术。它是广大人民对美好生活追求与向往的一种艺术再创造。因而，它风格纯朴，情趣盎然，流行甚广，深为人民群众所喜爱，有着极广泛的社会基础。作为一种独特的艺术形式，它已被运用在电影动画、舞台美术、书籍装帧、商品广告，以及印染、邮票设计等领域的创作中。

剪纸是由古代在其他物质材料上剪刻花纹演变而来的。最早见于战国刻画在银箔装饰品上，到了西汉时期已剪刻出了精美的金银饰品，真正的实物剪纸出现在南北朝时期。宋代之前剪纸主要作为迎春的装饰品，除迎春外，劳动人民在剪纸中，还寄托了追求幸福生活的炽热感情，盼望风调雨顺，祈求五谷丰登。当然，民间剪纸的发展与古代的迷信活动是分不开的，如巫者给人治病戴纸花高帽，执纸雕龙虎彩旗，以此驱邪。

民间剪纸的创作，显示了民间妇女心灵手巧的聪明才智，表达了对生活的美好情感。同时也是她们精神生活中一个极为重要的组成部分。由于剪纸制作简便，因而传播很广，形成我国特有的传统风格。加之地域不同、习俗不同、审美趣味的差异，又形成不同的地方特色。我国民间剪纸有着五大特色：风格纯朴，它出自于劳动人民之手，有着浓厚的乡土气息；手法简洁，结构单纯简略，以适应制作的需求；构图装饰性，构图中讲求形式美的法则；造型意象化，在造型上以形写神，刻意夸张的表现方法；色彩的明快，色彩采用单纯明艳的配置手段。中国民间剪纸，除有共同风格外，各地的剪

171

纸，又各放异彩。从西北到江南，可分为南、北两大风格流派：西北剪纸粗犷朴拙；江南剪纸精巧秀丽。由于民间剪纸强烈的民族特色，在国际文化交往中起到了积极的作用。

36. 人物剪纸

　　人物剪纸，在剪纸中所占的比重较大。以表现农村中的日常风俗、戏曲人物、民间传说为主。在表现日常风俗的题材里全是农村中喜闻乐见的人和事。戏曲人物的题材则大多反映英雄人物和历史故事的主题。但各地的戏曲题材，在表现手法上是不大相同的。例如，河北戏曲题材作品，以阴线为主，多半通过单个人物来表现，动势较大，多是正面像刻划，具有雕塑感。陕西的则有简单的道具，一般通过组合人物表现一定的情节，人物形象近似于皮影，以阳刻为主，正侧面刻划为多。山西戏曲人物剪纸，在剪刻手法上与陕西相似，没有边框和背景，只有简单道具。浙江则注重刻画人物的性格，在画面上以阴刻表现人物，阳刻表现背景，虚实配置得当，有规整的外框，强调画面的完整性。民间传说的题材在农村中很受欢迎，一般都是家喻户晓的内容，在表现形式上多与当地戏曲窗花相同。人物剪纸在造型上有着独特的特点，它和使用的工具及条件限制密切相关。例如，人物的眼、眉、鼻及头发等，都是为了便于刻剪，采用了变形、夸张。脸部中的眼睛总是很大的，侧面的脸往往一只眼睛占了半张脸。嘴有时是不处理的，加以概括省略掉。手、脚也只是很简单的几刀。人体的比例，一般稍矮一点，充分表现了劳动者的气质，形成特有的艺术效果。

37. 花鸟鱼虫剪纸

花鸟鱼虫的题材，都是人们所熟知和喜爱的内容，其应用范围极广。花的题材主要是花、果等内容。大多寓意某种品格或者吉祥的意义。例如，牡丹象征富贵，梅、兰、竹、菊象征气节，荷花象征高洁，桃子意味着长寿，石榴意味着多子，等等。鸟的题材所寓意的内容多，如喜鹊象征着喜讯，鸳鸯象征着爱情，仙鹤象征着长寿，等等。另外，"家禽"在鸟类题材中也占有相当的分量。

"鱼"的题材，其谐音"余"是和"富"的寓意相连的。它反映了广大农民追求幸福生活的愿望。主要选择金鱼和鲤鱼。金鱼即取谐音"金余"之意。"草虫"中主要是蝴蝶、蝈蝈、蚂蚱等。

38. 走兽剪纸

这类题材有的表现了动物的特征与习性，有的赋予了一定的寓意和象征，如威猛健壮的老虎，活泼玲珑的狮子，俊秀俏丽的小鹿，等等。在走兽题材中还有一个重要的方面，即对家畜的表现，其内容有牛、马、羊、猪等。从侧面反映了农村中的生产活动及日常生活的生动景象。

39. 吉祥图案剪纸

吉祥图案在手法上采用谐音、象征、隐喻，把文字、花鸟、动物、器皿等形象，完美而巧妙地组织在图案中。这些图案概括力强，托物寄情，直接地反映了劳动人民的情感和思想。它们多以具体的

173

画面来表达抽象的含意，反映了作者丰富的想象力。例如，《松鹤延年》把松与鹤组织在一起，象征长寿，把万年青同象组成图案，象征着更新伊始，称为《万象更新》。通过这些组合，表现了一定的生活情趣，洋溢着无限的生机，使人们感到贴切、自然、有美感。因而，在民间得到了广泛的流传。

40. 篆刻

篆刻，可称为印字、治印、俗称刻印章。它集篆书为主的书法、美术、雕刻于一体，是具有民族独特风格的综合性的传统艺术，又称为"篆刻艺术"。

秦代以前，君民一律称之为"玺"，秦始皇统一六国后，只有皇帝才能称"玺"，臣下只能称"印"。汉代其他的官印除称"印"外，同时有了"印章""印信"等名称。到了唐代，武则天认为"玺"的发言近同"死"，于是就改为"宝"。唐宋之后，在官印和私印中又有了"记""朱记"。印章的文字又分朱文、白文。白文印的印文笔画凹下，如用印泥钤在纸上，效果为红底白字，称为"白文"，俗称"阴文"；朱文印的印文笔画凸起，用印泥钤在纸上，效果为白底红字，称"朱文"，俗称"阳文"。

第十一章

学生印章收藏活动指导

1. 印章历史

秦以前，无论官、私印都称"玺"，秦统一六国后，规定皇帝的印独称"玺"，臣民只称"印"。汉代也有诸侯王、王太后称为"玺"的。唐武则天时因觉得"玺"与"死"近音（也有说法是与"息"同音），遂改称为"宝"。唐至清沿旧制而"玺""宝"并用。汉将军印称"章"。之后，印章根据历代人民的习惯有："印章""印信""记""朱记""合同""关防""图章""符""契""押""戳子"等各种称呼。

先秦及秦汉的印章多用作封发对象、简牍之用，把印盖于封泥之上，以防私拆，并作信验。而官印又象征权力。后简牍易为纸帛，封泥之用渐废。印章用朱色钤盖，除日常应用外，又多用于书画题识，遂成为我国特有的艺术品之一。古代多用铜、银、金、玉、琉璃等为印材，后有牙、角、木、水晶等，元代以后盛行石章。

2. 印章起源

中国的雕刻文字，最古的有殷的甲骨文，周的钟鼎文，秦的刻石，等等，凡在金铜玉石等素材上雕刻的文字通称"金石"。玺印即包括在"金石"里。玺印的起源或说商代，或说殷代，至今尚无定论。根据遗物和历史记载，至少在春秋战国时已出现，战国时代已普遍使用。起初只是作为商业上交流货物时的凭证。秦始皇统一中国后，印章范围扩大为证明当权者权益的法物，为当权者掌握，作为统治人民的工具。

3. 印章鉴赏

印文的鉴赏：鉴赏印章文字，先要把握艺术表现手法的特征，如书法、章法、刀法，再要体会印文内容中蕴含的情趣、意味，综合起来细细品鉴、慢慢欣赏。

书法的鉴赏：历来有成就的印艺家对书法都十分重视，我们在前面一章中已经有所了解，"无一讹笔"是保证印文具备鉴赏价值的重要前提。大家知道，书法是写字的艺术，如果连字都不能识读，还有什么艺术鉴赏可言。篆字初看起来，是有点陌生，其实学起来很容易上手，要精通却很难。篆字是以"形"为中心发展而成，虽然后来已经变为"意象"，但探其本源，总有形的影迹可循，所以篆字从一开始就具备美术性。

章法的鉴赏：印文章法就是字与字、行与行之间的位置安排和整体布局的方法。符合情理的章法能给人以高品位的享受，不合情理的章法明眼人一看就知道底蕴不足甚至是冒牌货。章法的基本要求是平衡、老实、大方、端正，汉印章法大多根基于此，进一步要求自然生动、别饶情趣，这样才可供协商、玩味。

刀法的鉴赏：古人凿铜刻玉，力艰功深，其过程较为复杂。佳石极宜受力，一如良纸之受笔墨，铁笔所行之处，石屑纷披，呈现出天然崩裂的效果，留下的线条痕迹具有古拙苍劲的金石气息。刀法大致可分为两种：冲刀和切刀。冲刀行进爽快，一泻千里，很像书法中一拓直下的笔法，能表现出雄健淋漓的气势；切刀则行进较慢，用短程碎刀连续切成，一步　个脚印，犹如书法中的涩笔，能表现出遒劲凝炼、厚实稳健的气象。有时两种刀法结合起来使用，效果更佳。

　　边款的鉴赏：边款，就是铭刻在印章面或周面的姓名、年月等文字记录。按照钟鼎等铭文的称法，"款是阴字凹入者，识是阳字挺出者"，但是在印章领域，不论阴阳，通常统称为边款或款识，很少有把印章阳文款识称为"边识"的。上古印章极少署款，文彭以双刀行书款开了风气，此后的印家各显身手，使印章边款迅速上升为印章艺术的重要组成部分，起到了像绘画题跋一样的作用。在款识的刻制上，也同样显示出印家们精彩的刀法和高超美妙的书法境界，值得我们细加品鉴和赏析。

　　印谱的鉴赏：印谱是印文以及款识的载体。钤拓精美的印谱不仅可以让我们尽情欣赏其中的佳作，而且它本身也是一件艺术品。印谱的钤拓分为两个步骤，一是印底文字的钤朱，一是印章款识的墨拓。印谱钤拓，直接关系到印文、印款的表达，故有"刻之功六、拓之功四"的说法，可见印谱钤拓的重要性。考究的印谱装帧素雅，纸选用净皮绵宣、单宣或连史纸，每业每印每款，朱丹玄墨，交相辉映，令人赏心悦目，除了观赏，还可临习、研讨，因而成为人们鉴赏收藏的宝贵之物。

4. 印章种类

　　印章种类繁多，基本上可分为官印和私印两类。

　　官印：官方所用之印章。历代官印，各有制度，不仅名称不同，形状、大小、印文、纽式也有差异。印章由皇家颁发，代表权力，以区别官阶和显示爵秩。官印一般比私印大，谨严稳重，多四方形，有鼻纽。

　　私印：官印以外印章之统称。私印体制复杂，可以从字意、文字安排、制作方法、治印材料及构成形式上分成各种类别。

5. 秦印

秦印指的是战国末期到西汉初流行的印章，使用的文字叫秦篆。看其书体和秦石刻等文字极相近，所以较战国古文容易认识。秦印多为白文凿印，印面常有"田"字格，以正方为多，低级官职使用的官印大小约为一般正方官印的一半，呈长方形，作"日"字格，称"半通印"。私印一般也喜作长方形，此外还有圆和椭圆的形式，内容除官名、姓名、吉语外，还有"敬事""和众"等格言成语入印，风格苍秀。秦印与汉印并为后世篆刻家所学习。

6. 汉官印

从广义上讲，汉官印是汉至魏晋时期的官印的统称。印文与秦篆相比，更为整齐，结构平直方正，风格雄浑庄重。西汉末手工业甚为发达，所以新莽时代（"新"为王莽的朝代名）的官印尤为精美生动，汉代的印章艺术登峰造极，因而成为后世篆刻家学习的典范。两汉官印以白文为多，皆为铸造。只有少数军中急用和给兄弟民族的官印凿而不铸。

7. 汉私印

汉私印即为汉代的私人用印，是古印中数量最多、形式最为丰富的一类。不仅形状各异，朱白皆备，更有朱白合为一印，或加四灵等图案作为装饰的，进而有多面印、套印（子母印）、带钩印等。印文除姓名之外，往往还加上吉语、籍贯、表字，以及"之印""私印""信印"等辅助文字,纽制极为多样,充分显示了汉代工匠的巧思。两汉私印仍以白文为多,西汉以凿印为主,东汉则有铸有凿。

8. 汉玉印

两汉玉印在古印中是十分珍贵稀少的一类。"佩玉"在古代也是名公贵卿和士大夫的一种高雅风尚。一般玉印制作精良、章法严谨、笔势婉转,粗看笔划平方正直,却全无板滞之意。由于玉质坚硬,不易受刀,也就产生了特殊的篆刻技法,即所谓的"平刀直下"的"切刀法"。又由于玉质的不易腐蚀受损,使传世古印得以比较好地保留了它的本来面目。

9. 魏晋南北朝印

魏晋的官私印形式和纽制都沿袭汉代,但铸造上不及汉印精美。传世的给少数民族的官印,文字较多,用刀如刻如凿,书法风格表现为舒放自然,从而成为一个时期篆刻风格的代表。南北朝各国传世印章不多,官印尺寸稍大,文字凿款比较草率,官印未见铸印。

10. 隋唐以来的官印

官印到了隋唐时代,印面开始加大。随着纸的普遍应用,朱文逐渐代替了白文。许多官印印背上开始有年号凿款。在文字上隋印多用小篆,并开始运用屈曲的"九迭文"入印(古代的"九"为数的终极,故有此名,并不一定要九迭,可以随笔划的繁简而变化)以便填满印面。唐宋时代开始以隶楷入印,清代官印满文、汉文两体兼用,同刻于一印之中。元明清各代农民政权留下的官印,也是值得我们珍视的文物。

11. 宋元圆朱文印

魏晋以来，纸帛逐渐代替竹木简札，到了隋唐，印章的使用已直接用印色钤盖于纸帛，到文人画全盛时期的元代，由文人篆写，印工镌刻的印章已与诗文书画合为一体，起到了鲜艳的点缀作用，为书画家所喜爱。在这个阶段，首先是宋末元初的书画家赵孟頫对篆刻艺术大力提倡，由于书法上受李阳冰篆书的影响，印文笔势流畅，婉转流丽，产生了一种风格独特的印章——"圆朱文"印，为后世的篆刻家所取法。

12. 子母印

子母印又称"玺印"，是大小两方或三方印套合而成的印章。印文多作朱文。始于东汉，盛于魏晋六朝。一般铸有兽、龟等纽，外大印为母，钮作母兽，内小印为子，纽作子兽，可套人大印内，合成母抱子状，因称"子母印"。有母印纽作兽身，子印纽作兽首，套合成为完整兽形者，故也称套印。有一母一子的套印、一母三子的二套印等。在一方印章的体积中，兼备了几方印的使用价值，古代印匠的工艺水平由此可见一斑。

13. 套印

套印是由大小数印套合而成的印章。汉代之"子母印"即套印之一。套印分若干层，有多至五六层者，每层（即被套的每方印）五面都可刻印。最末一层为小方印，可刻六面。明清以后，为便于携带，套印多以铜、石、牙等制成。

14. 象形印

象形印也称"图案印""肖形印"，是刻有图案印章的统称。古代象形印一般刻铸有人物、动物等图像，取材宽广、浑厚古朴、简练生动。多白文，一为纯图画，一为图画中附有文字，今所见者以汉代居多。

15. 图案印

图案印以图画入印，自战国到汉魏都有，以汉代为最多，又称肖形印或象形印。形式多样，简练生动，除人物、鸟兽、车骑、吉羊、鱼雁等图案外，常见以吉祥的四灵（龙、虎、雀、凤）入印的，这类印又称为"四灵印"。

16. 凿印

一般凿印是指刻印的一种方法——在预制的金属印胚上凿刻印文；也指用此法刻成的印章。其印文文字错落有致，大都为将军印和颁发给少数民族的官印，流行于汉魏晋南北朝。相传其起源是因军中官职往往急于任命，印信大都仓促凿成，故别称"急就章"。此法为后世篆刻家所仿效。

第十二章

学生古玩收藏活动指导

1. 青铜器的价值

青铜是红铜与锡和铅的合金，因是青灰色，所以叫青铜。青铜器主要是指先秦时期用青铜铸造的器物。

我国古代的青铜文化艺术，当以夏、商、周三代的铜器为代表，其种类之丰富，造型之雄伟，纹饰之精丽，铸造之精良，创意之高深，在人类青铜时代独具特色，它的光辉成就，对推动世界文明的演变和进步，有着划时代的功绩和贡献。

世界各地博物馆和美术馆，无不把我国青铜器作为馆藏重器，历代收藏家更是把青铜器作为镇宅之宝，世代相传。我国青铜器达到了极高的艺术境界，佳妙至极，它不仅是我国文物宝库的瑰宝，也是世界艺术史上一颗灿烂的明珠。

我国青铜器不仅种类丰富，而且别具艺术特色，历来是中外收藏家注意搜藏的珍品。由于青铜礼器的造型最为多样，也最能体现青铜器的艺术特色，因此千百年来收藏家都重视鼎、彝、钟、簋、尊、爵、卣、豆等礼器方面的传统收藏，尤其是带铭文的礼器，更是追逐搜寻的重点。

2. 青铜器的收藏

一是提高鉴别能力，不要买赝品。一些古玩商贩只知青铜器珍稀昂贵，价值不菲，足以致富，便不择手段以假充真，以残充好，稍不留意就使买家落入圈套。

辨别青铜器真伪的方法：眼看，即看器物造型、纹饰和铭文有无破绽，锈色是否晶莹自然；手摸，凡是浮锈用手一摸便知，赝品器体较重，用手一掂就知真假；鼻闻，出土的新坑青铜器，有一种略有潮气的土香味，赝品则经常有刺鼻的腥味，舌舐时有一种咸味；耳听，用手弹击，有细微清脆声，凡是声音混浊者，多是赝品或残器。

二是关注青铜兵器和杂器有很大的投资潜力。因投资者往往忽视其他门类青铜器的搜集和收藏，这就使青铜礼器价位高，买主多，而其他青铜器却很少有人问津。

纵观青铜器市场的发展趋势，有预见的投资者已开始悄悄把收藏重点向青铜兵器和青铜杂器转移。青铜杂器范围很广，包括生活用具、车马具，以及货币、度量衡、符和玺印等。在青铜杂器中，除铜镜、货币和古印已有系统收藏外，其他杂器则很少有人购藏。

式样各异和错金银的青铜带钩，以及带花纹的熨斗等，都是值得投资购藏的青铜器。目前，这些青铜器尚未引起人们的普遍关注，若能抓紧时机购藏，当是明智的投资策略，定能收到理想的投资回报。

三是要保持青铜器原样，切忌过分刷洗。出土的青铜器经常是泥锈混浊，纹饰不清，进行适当清洗是必要的。清洗的方法一般是先放在水中浸泡，让泥土自行脱落，而后用小毛刷轻轻刷洗，遇到有影响纹饰的土锈，可用小竹签慢慢剔除，切忌用铜刷或硬毛刷用力刷洗，更不能用利器清理打磨，否则会毁坏青铜器而失去收藏价值。

此外，保持青铜器原貌，还有个收藏保管问题，青铜器在地下经过长期腐蚀氧化，质地已不坚固，特别是半脱胎青铜器，甚至比瓷器还易损，因此对青铜器妥善保存，防止出土后受损，对投资者来说十分重要。

3. 我国漆器的主要品种

我国漆器的品种大致可分为以下种类：

一色漆器，不加任何纹饰的漆器；

罩漆漆器，在一色漆器或有纹饰的漆器上罩一层透明漆的漆器；

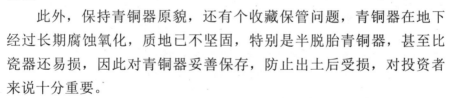

描漆漆器，以漆、油调色描绘纹饰的漆器；

描金漆器，用金色作装饰花纹的漆器；

堆漆漆器，用稠漆或漆灰堆出花纹的漆器；

填漆漆器，在漆器表面刻出阴文花纹，再填陷色漆，干后磨平的漆器；

戗金漆器，在漆器表面勾画阴文花纹，并在花纹内填金的漆器；

雕填漆器，采用填漆和戗金两种髹饰技法相结合的漆器；

螺钿漆器，用经过研磨、裁切的贝壳薄片作为镶嵌纹饰的漆器；

雕漆，在器物胎骨上多次涂漆，层层积累到相当厚度，再用刀在漆层上雕刻花纹的漆器，包括剔红、剔彩、剔犀等品种；

犀皮漆器，在漆面作出高低不平的地子，上面逐层涂饰不同色漆，最后磨平，形成一圈圈的色漆层次的漆器；

款彩漆器，在漆面上刻花纹，花纹内填色漆或色油，填后花纹低陷，通称刻灰的漆器；

百宝嵌漆器，以象牙、珊瑚、翡翠、玉石等多种珍贵材料在器物表面镶嵌成各种浮雕花纹的漆器；

脱胎漆器，用生漆将丝绸、麻布等织物糊贴在泥土、木或石膏制成的内胎上，裱贴若干层后形成外胎，然后脱去内胎，取得中心空虚的外胎，再将外胎作为器物胎骨而制成的漆器。

4. 辨别漆器的真伪

一是辨年款识伪。因为材质的原因，传世的漆器几乎都是明清以来的作品，这些作品大多有款识，是藏家辨伪的一个重要切入点。不同时代漆器的款识都有不同的表现方式和内容，包括落款的位置、排列、字体等，结合真品的款识加以比较，就可以辨别出伪款。

经伪刻或改刻的款识总会留下些许疏漏，或是器具风格特点与款识不一致，或留有修补过的痕迹，漆色新旧不一致。值得注意的是，漆器改款之风自古就有，就漆器本身还得区别对待。

二是辨断纹识伪。说起古旧漆器，许多行内人都知道要看断纹，当然辨别漆器是一定要看断纹的，但有断纹的却不一定都是古旧漆器。

漆器断纹有许多种，但常见的大体就两种。一种是细碎断纹，像人的手掌皱纹，故称"手皱断"，又谓之"牛毛断"。有这种断纹的木胎漆器，木质的纹理已经深入漆表，是随岁月流逝逐渐产生的，人工无法仿制。第二种断纹就像蛇腹上的横断纹，所以称"蛇腹断"。漆器中这种断纹较多，无论年代远近，而且可以伪制后仿。

三是辨漆色识伪。漆色是鉴别漆器的重要参照，不同时期的漆器，其颜色上有着不小的差别。年代远的漆器漆色发暗，漆表有润光，显得沉默稳重，新仿的漆器颜色鲜艳，火光很盛，有些刺眼。

就现存的常见漆器来说，宋代的漆器多黑无光，颜色像木炭；明代雕漆漆器中有黑色、红紫色，里面都是黑漆，有光亮，明代的剔红器，红色都发紫；清代漆器颜色较前鲜亮，红色不再发紫。

四是辨气味识伪。气味也是判断漆器新老的又一标准。一般说来，年代久远的漆器，其自身的气味会随时间推移慢慢挥发，新仿的漆器就算其造型、漆色、断纹都很逼真，但漆的气味却不容易一下子散去。

如果一件漆器肉眼看不出问题，不妨闻一闻，若有许多使人混淆不清的气味，这样的仿品貌似陈旧，但收藏者大可直接放弃。因为这类东西即使是真的，也多品相奇差，收藏价值不高。

五是辨硬度识伪。漆器制作完成后，都需要阴干，脱去多余的水分。经过长年的使用和摆放，漆器会变得越来越干燥结实，比较而言，老漆器总比新的硬。

另外，老的漆器经过历代的把玩，其细微突出部分多少都会有所磨损，还有因外力挤压稍显向内弯曲，而新仿的漆器一般都棱角分明，也有的故意作出磨损状，但因为是在漆器尚未风干时加工出来的，所以向内卷曲的幅度较大，会显得不自然。

5. 金银器是文化的载体

金银器在历史文物中占有重要位置，是我国传统文化艺术的重要载体。金银是贵重金属，硬度适中，具有延展性，易锤打成形，又有亮丽的天然色泽，且不易氧化变色，是制作工艺品的良好材料。自从人类发现、认识了金银之后，就将其加工成为各种金银制品。

金银制品在商代即已出现，春秋战国时代已有金银镶嵌工艺。金银器皿出现较晚，汉以前少见，至唐代才开始有较多发现。目前所出北朝及唐代前期的部分金银器皿的造型、纹饰都带萨珊王朝金银器的风格，说明曾受到波斯金银器的影响。

纹饰以花鸟为多。工艺精湛，唐代已普遍使用了板金、浇铸、焊接、切削、抛光、铆、镀、锤打、刻凿、镶嵌等技术。宋以后，各项工艺更加复杂精细，并出现了金银与漆、木器合璧的产品。定陵所出编金丝嵌珠宝龙、凤冠，更属稀世之珍。

故宫博物院收藏的大量金银器中，以清代皇帝和后妃御用的金银器最为丰富，其中有礼乐器、生活用具和各种陈设器，也有宗教文物中的佛像、龛塔、供器、法器等。

这些器物的工艺制作采用了铸造、錾刻、累丝等多种技术，还有许多金银器镶嵌着珍贵的宝石、美玉、翡翠、碧玺等。这些金银器大多造型别致、纹饰精美，极富宫廷特色，具有极高的历史价值和艺术价值。

6. 辨别真假金银器

金银器的真伪鉴别主要包括两个方面，一是对其材料质地的鉴别，二是对其制造年代的鉴别。根据现在的科学技术手段，对金银器制造年代的鉴别已能做出比较精确的判定；对金银器材料质地的鉴别，从经验上也积累了一些简便易行的方法。

首先，金的密度大，一般来说对于相同体积的金属物，金制品要重得多，太轻的制品必是伪品。

其次，金银的硬度小、质地软、延展性强，若用金属物在金银制品上轻轻划试，一般留下凹痕的为真品，留下划痕的是伪品。

再次，金银的化学性质较稳定，特别是金，在空气中不易氧化，而铜铁制品均易氧化生锈。金在酸性溶液中其颜色不变，而铜制品触到硝酸便会失去光泽。如是镀金，表层镀金容易脱落，不仅脱落部分易生锈，即使镀金表面也易被铜覆盖。

当然，古代的金银器出土时，有些表层带有铜锈，特别是银制品。这种情况是由于金银器在出土前接触过其他腐蚀的铜，如与铜器一起随葬，而沾染了铜锈。另一个原因则是古代大多数银器的质地是含有一定成分的铜合金，当铜氧化腐蚀后，便在银器上形成铜锈覆盖层。不过这种情况大多可以经过除锈垢处理，以复原器物的本来面目。此外，富有经验的人还可以通过器物的声音、味道、颜色、手感等，来辨别金银器的真伪。不过，这需要有丰富实践经验的积累。

此外，与伪造古代的铜、玉等器物不同的是，伪造金银器最常见的是在材料质地上作假，多是以谋取高额利润为目的。在年代上作伪者尚不多见，这也造成对金银器年代的鉴定工作，无论从理论上抑或实践经验上都显得不足，缺乏这方面的系统研究和经验总结。

7. 文房四宝指的是什么

文房四宝指的是笔、墨、纸、砚。

笔之种类甚多，现在所使用的，以紫毫、狼毫、羊毫及兼毫最为常见。紫毫笔乃取野兔项背之毫制成，因色呈黑紫而得名；狼毫笔就字面而言，是以狼毫制成；羊毫是以青羊或黄羊之须或尾毫制成；兼毫笔是合两种以上之毫制成，依其混合比例命名，如三紫七羊、五紫五羊等。

墨的种类有石墨与松烟之别。石墨乃自然之物，是一种"悉如墨"之山石。上古无松烟墨，要写书法唯有使用石墨，以石墨做书之证也有不少。松烟至魏晋之后取代石墨之地位。

纸分为两大类，一是弱吸墨纸类，包括澄心堂纸、蜀笺、藏经纸；二是吸墨纸类，包括宣纸、彷宣、毛边纸、元书纸与棉纸。

砚的种类有端砚、歙砚、洮砚、澄泥砚。端砚为砚之上品，也可再分等级；歙砚之特性亦如端砚，而歙重于发墨，做大字，端重于细润停水；洮砚石质碧绿，整洁如玉，条纹似云彩，贮墨不变质，十多天不干涸；澄泥砚是用沙泥烧炼制成的砚，质地类瓦，属陶瓷砚的一种非石砚材，其特点是质地坚硬耐磨，易发墨，且不耗墨，可与石砚媲美。

我国还生产过一些用其他原料制作的墨砚。汉代有瓦砚、陶砚、玉砚、铁砚和漆砚，晋代有木砚、瓷砚和铜砚，唐代有泥砚，宋代有水晶砚、石泥砚、砖砚和天然砚，明代有化石砚，清代有纸砚，而今有橡皮砚。

8.收藏文房四宝中的笔

从藏家来看，收藏一支好笔，首先是要看它的"四德"，即尖、齐、圆、健。

尖是指笔锋尖锐，形为锥，便于行笔；齐是指毫毛铺震后平齐，便于挥毫时万毫齐力；圆是指笔头周围毫毛饱满，在运笔过程中笔毫各部位均能发挥作用，挥洒自如；健是指笔头劲健有力，弹性适度，提、按、转折运行自如。

收藏古笔，除要了解古笔本身的特性之外，还可以从以下几方面着手。

一是收集名匠作品。历史上制笔名匠很多，各个朝代都有，并有人专门采集。由于难以长期完好保存，故延留至今的大都不完整。现在的收藏品多为近代名家所作，如晚清、民国作品。

二是收集毛笔的品种。这种收集方式，不论古今，不计名笔与否，只求品种齐全。例如，按笔毫品种收集，按笔杆的材质收集，按不同用递收集，等等。

三是收集流派作品。根据收藏者所处的不同区域或收藏者的喜好，有的人专门收集湖笔，有的人则专门收藏湘笔。既然收藏了毛笔，就要妥善保存才是，使它们不被损坏。

9. 收藏文房四宝中的墨

鉴藏古墨就要学会区分各派墨品的特点，如徽墨中的歙县、休宁、婺源各派，深入了解墨家墨品的墨质、图案等特点和传承有序的风格。

收藏墨锭的同时，应有意识地留意相关的周边品种，比如墨床、墨模、墨谱。墨床即搁墨用的小案架。墨模又称墨印，墨模的图形、雕刻、制作对墨的形成及其艺术性至关重要，也可以反映木刻工艺的整体水平。

墨家常是一模久用少更换，墨两侧的年款是随时更改，墨模久用，图案文字和线条容易模糊，墨家经常修模。凡是图案文字和线条清晰的墨必是初版墨，时间一长，便出现晚期墨和修版墨。

一些伪制墨者通常将墨的墨家姓名和年号刮去，再刻上别款，冒充名家，消费者容易上当。历史上记载墨的书籍当然很多，这种书籍就是墨谱，如经典的《程氏墨苑》和《方氏墨谱》。约从明末开始，这些著述便把墨作为鉴赏收藏的珍品来论述。

10. 收藏文房四宝中的纸

纸上有了书和画，就担负了文化传播的使命，纯以文房清玩的形式藏至今日的纸并不多见，大多是清代以后的产品。

甄别古旧纸笺首先要确定其年代，其年代大致分为清初、清中期、清末和民初四个时期。明朝天启年间至清朝康熙年间的好纸较少，嘉庆时期的纸笺多为仿前朝制品，所以乾隆时期的纸笺最为名贵。

其次，最好不要相信印在纸笺上的年代，因为清末民初仿制了大量的乾隆时期的帝王专用笺，几乎皆为赝品。

再次，要熟悉掌握各种纸笺的制作特点、形式及装饰图案。最后，要看清纸表面是否光滑匀净，是否有杂渍或颜色的陈旧是否自然。通常古纸偏厚，破碎后呈小块状，断面多有斜纹。

11. 收藏文房四宝中的砚

我国的砚起源晚于文字和笔，而早于墨。砚最早用于研磨石墨和一些彩色颜料。墨发明之后才用于研墨。

古砚的鉴别应根据它的质地、造型、款式、雕刻工艺，是否名家制作或是否有传奇收藏史等来综合分析和判断。

如砚的质地光滑细腻如玉、磨墨悄然无声，叩击声闷而不脆，砚堂具有呵气即湿等特点，砚的外形完整，比例匀称，纹饰清晰无破缺裂纹，看上去赏心悦目，那么这方砚则可算是佳品。